AFRIKA-KARTENWERK   Serie E, Beiheft zu Blatt 12

Die dazugehörigen Karten befinden
sich in der Kartensammlung !!!

AFRIKA-KARTENWERK

Herausgegeben im Auftrage der Deutschen Forschungsgemeinschaft
Edited on behalf of the German Research Society
Edité au nom de l'Association Allemande de la Recherche Scientifique
von / by / par Ulrich Freitag, Kurt Kayser, Walther Manshard,
Horst Mensching, Ludwig Schätzl, Joachim H. Schultze †

Redakteure, Assistant Editors, Editeurs adjoints: Gerd J. Bruschek, Dietrich O. Müller

Serie, Series, Série N
Nordafrika (Tunesien, Algerien)
North Africa (Tunisia, Algeria)
Afrique du Nord (Tunisie, Algérie)
Obmann, Chairman, Directeur: Horst Mensching

Serie, Series, Série W
Westafrika (Nigeria, Kamerun)
West Africa (Nigeria, Cameroon)
Afrique occidentale (Nigéria, Cameroun)
Obmänner, Chairmen, Directeurs: Ulrich Freitag, Walther Manshard

Serie, Series, Série E
Ostafrika (Kenya, Uganda, Tanzania)
East Africa (Kenya, Uganda, Tanzania)
Afrique orientale (Kenya, Ouganda, Tanzanie)
Obmänner, Chairmen, Directeurs: Ludwig Schätzl, Joachim H. Schultze †

Serie, Series, Série S
Südafrika (Moçambique, Swaziland, Republik Südafrika)
South Africa (Mozambique, Swaziland, Republic of South Africa)
África do Sul (Moçambique, Suazilândia, República da África do Sul)
Obmann, Chairman, Director: Kurt Kayser

GEBRÜDER BORNTRAEGER · BERLIN · STUTTGART

AFRIKA-KARTENWERK

Serie E: Beiheft zu Blatt 12
Series E: Monograph to Sheet 12
Série E: Monographie accompagnant la feuille 12

Redakteur, Assistant Editor, Editeur adjoint: Gerd J. Bruschek

E 12

H.-Rasso P. Ruppert

Wirtschaftsgeographie — Ostafrika
(Kenya, Uganda, Tanzania) 2° N — 2° S, 32° — 38° E

Economic Geography — East Africa (Kenya, Uganda, Tanzania)

Géographie économique — Afrique orientale (Kenya, Ouganda, Tanzanie)

Bergbau — Verarbeitende Industrien — Energie — Fremdenverkehr

Mit 1 Figur und 4 Tabellen sowie Summary und Résumé

1979

GEBRÜDER BORNTRAEGER · BERLIN · STUTTGART

Für den Inhalt der Karte und des Beiheftes sind die jeweiligen Autoren verantwortlich.

Gedruckt im Auftrage und mit Unterstützung der Deutschen Forschungsgemeinschaft sowie mit Unterstützung (Übersetzungskosten) durch das Bundesministerium für Wirtschaftliche Zusammenarbeit (BMZ).

ISBN 3 443 28325 X

Inhalt

Verzeichnis der Figuren

Verzeichnis der Tabellen

Contents

List of figures

List of tables

Table des matières

Table des figures

Table des tableaux

1 Überblick

Das vorliegende Heft[1] ist nicht als eine zusammenfassende Wirtschaftsgeographie von Ostafrika insgesamt gedacht. Seine Inhalte sind überwiegend auf das Blatt 12 der Serie E des Afrika-Kartenwerkes ausgerichtet und es versteht sich demgemäß in erster Linie als Begleitband zu dieser Karte. Sie erschien 1976 (Gebrüder Borntraeger, Berlin · Stuttgart) unter dem Titel: „AFRIKA-KARTENWERK, Serie E Ostafrika (Kenya, Uganda, Tanzania), Blatt 12 Wirtschaftsgeographie" und gibt Standorte von Bergbau, Verarbeitender Industrie, Energieversorgungseinrichtungen und Fremdenverkehr in Teilräumen von Kenya, Uganda und Tanzania wieder. Autoren der Karte sind E. WEIGT und der Verfasser dieses Beiheftes.

Am Anfang der folgenden Kapitel seien deswegen zunächst Hinweise über die Karte allgemein, über den dargestellten Ausschnitt und die Karteninhalte sowie über Beschaffung, Stand und Qualität der verwendeten Daten gegeben.

Das anschließende Kapitel soll als einführende Information Grundzüge der Struktur der nicht-agraren Wirtschaft der drei ostafrikanischen Staaten insgesamt aufzeigen, wobei schwerpunktmäßig und in aller Kürze nur die in der Karte dargestellten Wirtschaftszweige angesprochen werden. Auf eine Darlegung der natürlichen, geschaffenen und bevölkerungsmäßigen Ressourcen wird in diesem Rahmen bewußt verzichtet. Angaben darüber mögen u. a. den übrigen Blättern der Serie E des AFRIKA-KARTENWERKES sowie den entsprechenden Beiheften entnommen werden. Ferner sei, auch hinsichtlich der allgemeinen wirtschaftlichen Entwicklung und Struktur Ostafrikas, auf grundlegende Arbeiten von O'CONNOR (1966), MORGAN (1972) und OMINDE (1971) hingewiesen. Weitere ergänzende und vertiefende Veröffentlichungen enthält das beigefügte Literaturverzeichnis. Zusätzliche Angaben über neuere und z. T. sehr spezielle Untersuchungen mögen der jüngst erschienenen Bibliographie „The Economies of East Africa" von KILLICK (1976) entnommen werden.

Alle folgenden Kapitel beschränken sich in ihren Aussagen auf den in der Karte dargestellten Raum. Sie gliedern sich entsprechend der veranschaulichten Wirtschaftszweige, wobei jeweils versucht werden soll, durch Erläuterung und Diskussion der Inhalte Interpretation und Verständnis zu erleichtern und, soweit als möglich, neuere zwischenzeitliche Entwicklungen aufzuzeigen. Das Schwergewicht liegt dabei, entsprechend ihrer ökonomischen Bedeutung, auf der Analyse der Verarbeitenden Industrie.

Abschließend sei zu einer kurzen politisch-ökonomischen Lagebestimmung nochmals zu den drei Ländern insgesamt zurückgekehrt.

---

[1] Für die Durchsicht des Manuskripts sei Herrn A. ERHARD, Physical Planning Department, Ministry of Lands and Settlement, Nairobi, gedankt, für die redaktionelle Betreuung in besonderem Maße Herrn G. J. BRUSCHEK, Redaktion des Afrika-Kartenwerkes, Berlin.

2   Allgemeines zur Karte E 12 des Afrika-Kartenwerkes

2.1   Zum Kartenausschnitt

Der auf der Karte E 12 des Afrika-Kartenwerkes im Maßstab 1 : 1 000 000 wiedergege-
bene Raum wird durch die Koordinaten 2° N und 2° S sowie 32° E und 38° E umgrenzt
und beinhaltet damit im wesentlichen den nordöstlichen Teil des ostafrikanischen Seen-
hochlandes.

Im einzelnen umfaßt die Karte den NE-Sektor des Victoriasees mit seiner randlichen
Beckenlandschaft sowie das östlich daran anschließende Vulkanhochland mit dem zentralen, von N nach S streichenden und das Gebiet teilenden ostafrikanischen Graben. Damit
werden Teilbereiche aller drei ostafrikanischer Staaten betroffen, und zwar der SE Ugandas (südliche Ostregion und östliches Buganda), der SW Kenyas (Westprovinz, Nyanza,
südliches Rift Valley, Zentralprovinz, Nairobi, westliche Ostprovinz) und ein kleiner Abschnitt des nördlichen Grenzraumes von Tanzania (Mara Region).

Für Uganda und Kenya sind dadurch die wichtigsten ökonomischen Kernräume erfaßt.
So liegen die beiden Hauptstädte Kampala im W und Nairobi im SE des Darstellungsbe-
reiches. Gleichzeitig verläuft die bedeutendste ostafrikanische Entwicklungsachse entlang
der Ugandabahn mitten durch den Kartenausschnitt. Sie schneidet in diesem Raum klima-
tisch sehr bevorteilte und dichtbesiedelte agrarische Gunstgebiete, wie die ehemaligen
„white highlands" von Kenya und die nördlichen Randgebiete des Victoriasees, und bildet
außerdem die Standortgrundlage für eine Reihe industriell und/oder zentralörtlich ge-
prägter Städte verschiedener Größe und Bedeutung. Auch die wichtigsten Energiestand-
orte Ugandas und Kenyas sowie einige bevorzugte Fremdenverkehrsgebiete liegen im
Darstellungsbereich. Seine ökonomische Bedeutung geht indirekt daraus hervor, daß er
jeweils nur etwa 30 % der Landfläche beider Staaten ausmacht, aber fast die Hälfte der
Bevölkerung Ugandas und sogar etwa drei Viertel der Einwohnerschaft Kenyas auf sich
konzentriert. Der erfaßte tanzanische Teilraum ist sowohl im Vergleich dazu als auch in
Relation zur gesamten tanzanischen Volkswirtschaft ohne Gewicht.

2.2   Zum Karteninhalt

Die Karte gibt Standorte der nicht-agraren Wirtschaft wieder[2], und zwar von Bergbau,
Verarbeitender Industrie, öffentlichen Energieversorgungseinrichtungen und Fremdenverkehr.

Inhalte und Darstellungsmodi entsprechen im Grundsatz denen der anderen Wirt-
schaftskarten des Afrika-Kartenwerkes (Karten N 12, W 12 und S 12). Sie ergaben sich
als Kompromiß der jeweils verschiedenen Datensituationen und Interessenlagen der einzelnen Bearbeiter.

Standorte von Bergbau und Verarbeitender Industrie sind in Kreisdiagrammen wiedergegeben. Die Kreisgröße orientiert sich am Beschäftigtenindikator, wobei 1 mm² 10 Be-

---

[2]   Die Agrarwirtschaft wird im Rahmen des Afrika-Kartenwerkes von H. Hecklau (1976 und 1978)
dargestellt.

schäftigten entspricht. Da überhaupt nur Betriebe mit ≧ 10 Arbeitsplätzen erfaßt wurden, ist als Mindestgröße der Kreisdiagramme ein Durchmesser von 2 mm für 10—30 Beschäftigte angesetzt. Betriebe bzw. Standorte, die nicht weiter als 5 km (5 mm auf der Karte) voneinander entfernt liegen, sind zu Standorteinheiten zusammengefaßt. Dies kommt gelegentlich bei ländlichen Kleinstandorten zum Tragen, in städtischen Gebieten nur im Fall von Jinja/Njeru. Standorte ab 250 Beschäftigte sind, unabhängig von den Ortsbezeichnungen der Karte E 1 (Topographie) des AFRIKA-KARTENWERKES, in Größenabstufungen bis 1 000, bis 5 000 und über 5 000 Beschäftigte namentlich angegeben.

Die Anteile einzelner Branchen werden durch entsprechende Kreissektoren unterschiedlicher Farbe ausgewiesen. Die Branchengruppierung entspricht der International Standard Industrial Classification of all Economic Activities (STATISTICAL PAPERS 1968), die Farbgebung der international gebräuchlichen Darstellung. Beim Bergbau wird das geförderte Produkt mit Hilfe von Abkürzungen, die sich soweit als möglich nach den gängigen chemischen Bezeichnungen richten, näher spezifiziert. Lagerstätten ohne Abbau bleiben unberücksichtigt.

Die Gesamtbeschäftigtenzahlen pro Branche in allen erfaßten Betrieben des Kartenausschnittes enthält die Legende.

Hinsichtlich der öffentlichen Energieversorgung gibt die Karte Kraftwerksstandorte und Hochspannungsleitungen wieder. Rohrleitungssysteme kommen nicht vor.

Kraftwerksstandorte sind durch Dreiecksignaturen veranschaulicht, deren Größe sich nach der installierten Leistung richtet. 1—5 MW entsprechen 5 mm² (= Mindestgröße), jedes weitere MW entspricht ½ mm². Kraftwerkstypen (Diesel-, Dampf-, Wasserkraftwerke) werden mit Hilfe von Farbabstufungen differenziert. Standorte mit mehr als 20 MW installierter Leistung sind namentlich gekennzeichnet; kleinere nur dann, wenn sie von besonderer funktionaler Bedeutung sind.

Beim Hochspannungsnetz werden 66- und 132-kV-Leitungen durch unterschiedliche Strichstärken ausgewiesen. Ihr Verlauf ist leicht generalisiert wiedergegeben, die dominierende Fließrichtung durch Pfeile gekennzeichnet.

Standorte des Fremdenverkehrs sind entsprechend ihrer Hotelkapazität abgestuft. Rechtecksignaturen symbolisieren je 100 Betten. Kleinere Standorte bleiben unberücksichtigt.

2.3 Datenbeschaffung, -stand und -qualität

Zur Datenbeschaffung waren, aufgrund des Nichtvorhandenseins oder der Nichtzugänglichkeit brauchbaren statistischen Materials auf einzelstandörtlicher Basis außerhalb größerer Städte, zunächst empirische Erhebungen vor Ort erforderlich. Die so gewonnene Substanz wurde angereichert durch Befragungen spezieller Kenner einzelner Teilräume oder Sachfragen, die Analyse unveröffentlichter Erhebungen amtlicher und privater ostafrikanischer und europäischer Stellen und eine etwa zweijährige Sichtung und Auswertung aller zugänglichen und als relevant erscheinenden Monographien, Aufsätze, Berichte, Zeitungsmeldungen, Broschüren, Karten und sonstigen Informationsmaterialien verschiedenster Provenienz.

Die dargestellten Inhalte können für die öffentliche Energieversorgung und den Fremdenverkehr als weitgehend gesichert gelten. Bei den Bergbau- und Industriestandorten entspricht die Genauigkeit in städtischen Bereichen der der amtlichen ostafrikanischen Statistik. Die Beschäftigtenzahlen kleinerer Standorte in ländlichen Gebieten mußten vielfach geschätzt werden, wobei Beschäftigtenzahlen auf Bezirksbasis, empirisch oder aus Sekundärquellen ermittelte einzelbetriebliche Standorte und etwa regionsspezifische durchschnittliche Betriebsgrößen als Orientierungshilfen dienten. Eine absolute Vollständigkeit von Kleinstandorten mit Beschäftigtenzahlen, die in der Nähe des einzelbetrieblichen Erfassungslimits von 10 Arbeitsplätzen liegen, ist nicht gewährleistet. Gewisse Lücken sind möglicherweise insbesondere in den Distrikten Kericho und Südnyanza zu erwarten. Zwangsläufig ergibt sich aufgrund dieses Schwellenwertes auch, daß manche ländlichen Standorte mit mehreren Kleinstbetrieben unbewertet oder in Relation zu ihrer Gesamtbedeutung unterbewertet blieben. Dies mußte in Kauf genommen werden, da ohne einen solchen Schwellenwert keine Möglichkeit bestand, zu einer einigermaßen praktikablen (aber zweifelsohne immer noch problematischen) Abgrenzung gegenüber rein handwerklichen Betriebsformen zu gelangen. Ähnlich kommen auch verschiedene Fremdenverkehrsstandorte mit weniger als 100 Betten, in der Regel in Nationalparks oder Wildreservaten gelegen, nicht zur Geltung.

Der erzielte Datenstand ist für die einzelnen Karteninhalte verschieden. Für Bergbau und Verarbeitende Industrie liegt er bei 1966/67, für den Fremdenverkehr bei 1967 und die öffentliche Energieversorgung bei 1969. Er ist damit heute bei kleinräumiger Detailbetrachtung als z. T. überholt anzusehen, ohne aber daß sich die Gesamtsituation entscheidend verändert hätte.

An neuen Standorten des Bergbaus von nennenswerter Bedeutung ist im Bereich der Karte E 12 nach Kenntnis des Verfassers in der Zwischenzeit nur einer im Keriotal bei Eldoret (s. *Kap. 4.1*) erschlossen worden. Wohl aber vollzog sich infolge von Stillegungen sowie Rationalisierungs- und Mechanisierungsmaßnahmen ein beträchtlicher Beschäftigungsrückgang, womit ein schon länger anhaltender Trend fortgesetzt wurde.

Hinsichtlich der Industrie ist insofern von einer etwas größeren Raumstreuung auszugehen, als ländliche Kleinstandorte die damalige Erfassungsschwelle zwischenzeitlich überschritten haben. Hauptsächlich aber vollzog sich industrielles Wachstum in Städten, vor allem den größeren Zentren, so daß sich das ohnehin gravierende Stadt-Land-Gefälle eher noch verstärkt hat.

Bei der Energieversorgung und im Fremdenverkehr haben sich insbesondere im kenyanischen Teilbereich Neuerungen ergeben.

3 Grundzüge der Struktur der nicht-agraren Wirtschaft der ostafrikanischen Staaten

Da Karte und Beiheft der nicht-agraren Wirtschaft gelten, sei zunächst deutlich gemacht, daß es sich bei allen drei ostafrikanischen Staaten in erster Linie um Agrarländer handelt. Der Beitrag, den Landwirtschaft, Forstwirtschaft und Fischerei zum Bruttoinlandsprodukt leisten, liegt in Kenya bei 31,4 %, in Tanzania bei 35,5 % und in Uganda sogar bei 52,5 %. Diese Anteile werden in Kenya (46,5 %) und Tanzania (48,8 %) noch von einem aufgeblähten Dienstleistungssektor übertroffen. In Uganda dagegen kommt der Dienstleistungssektor (35,2 %) weniger zur Geltung. Der produzierende Bereich rangiert jeweils an letzter Stelle. Er macht in Kenya nur 22,1 %, in Tanzania 15,7 % und in Uganda sogar lediglich 12,3 % aus. Das Bruttoinlandsprodukt insgesamt betrug dabei in Kenya (1973) 16 114 Mio. K. Sh., in Uganda (1971) 10 367 Mio. U. Sh. und in Tanzania (1974, nur Bereich des ehemaligen Tanganjika) 15 601 Mio. T. Sh.[3]. (Länderkurzberichte Kenia 1975, S. 29, Länderkurzberichte Uganda 1976, S. 28, Länderkurzberichte Tansania 1976, S. 29—30).

Kenya ist nicht zuletzt aufgrund ehemals dichter weißer Besiedlung das Land mit der am weitesten entwickelten nicht-agraren Wirtschaft Ostafrikas. Daran und an der jeweils hervorragenden Bedeutung des agraren Bereiches vermögen die Angaben der *Tabelle 1* nichts zu ändern. Sie geben die Aufgliederung der Erwerbstätigen der drei Länder nach Wirtschaftsbereichen wieder, wobei die Erwerbstätigen gleichzusetzen sind mit Lohn- und Gehaltsempfängern. Damit wird nur ein Teil der gesamten Wirtschaftsbevölkerung repräsentiert und vor allem der primäre Sektor bleibt unterbewertet. Die Tabelle ist außerdem nur bedingt für einen zwischenstaatlichen Vergleich heranzuziehen, da offensichtlich, wie sich aus der jeweiligen Relation von Erwerbstätigen zur Gesamteinwohnerzahl ergibt, unterschiedliche Erfassungsmodi zum Zuge kamen.

Auch das vergleichsweise umfangreiche Außenhandelsvolumen Kenyas (s. *Tab.* 2) verdeutlicht das höhere wirtschaftliche Niveau und die damit einhergehende Außenhandelsverflechtung. Ein empfindlicher Einfuhrüberschuß bezeichnet aber ebenso wie bei Tanzania die unausgewogene Gesamtstruktur. Uganda weist zwar eine positive Außenhandelsbilanz auf, jedoch liegt dies nicht an hohen Exporten — diese sind pro Einwohner gerechnet sogar wesentlich geringer als bei Kenya und sehr ähnlich wie bei Tanzania —, sondern an tiefgreifenden Importrestriktionen, die zum Schutz der heimischen Industrie aufgebaut und in den vergangenen Jahren immer stärker ausgeweitet wurden.

Die Güterzusammensetzung des Außenhandels ist weitgehend typisch für die Situation tropischer Entwicklungsländer. Auf der Ausfuhrseite dominieren Agrarprodukte und Erzeugnisse agrarer Basis; durch das starke Übergewicht von Kaffee in Kenya, und besonders hervorstechend in Uganda, sogar mit monostrukturellen Zügen. Industrieerzeugnisse auf nicht-agrarer Grundlage gewinnen allerdings in Kenya und Tanzania an Bedeutung (Erdöldestillate) und veranschaulichen die Chance der Entwicklung hochstehender Veredelungsindustrien in küstennahen Standorten. Auf der Einfuhrseite wird die Abhängigkeit von Investitions- und Konsumgüterimporten ebenso ersichtlich wie ein deutlicher Mangel an wichtigen Grundstoffen.

Bergbauprodukte liefern, im Gegensatz zu anderen afrikanischen Ländern, nur einen beschränkten Exportbeitrag. Zwar ist Ostafrika nicht arm an Bodenschätzen, doch sind mangelnde Qualität und Quantität einzelner Vorkommen, hoher Kapitalbedarf bei gerin-

---

[3] Zum jeweiligen Stand entsprachen: 1 K. Sh. ca. 0,40 DM
           1 U. Sh. ca. 0,47 DM
           1 T. Sh. ca. 0,33 DM.

Tabelle 1   Die Erwerbstätigenstruktur der Staaten Ostafrikas

| | Erwerbstätige (= Lohn- und Gehaltsempfänger) | | | | | |
	Kenya 1973 absolut	%	Uganda 1973 absolut	%	Tanzania 1971 absolut	%
Land-, Forstwirtschaft, Fischerei	265 400[a]	34,9	66 900	19,3	109 000	27,7
Produzierendes Gewerbe	144 100	18,9	97 500	28,1	122 400	31,2
Energie-, Wasserwirtschaft	5 400	0,7	3 800	1,1	10 600	2,7
Bergbau, Gewinnung v. Steinen u. Erden	3 100	0,4	5 200	1,5	5 800	1,5
Verarbeitendes Gewerbe	94 400	12,4	39 800	11,5	55 100	14,0
Baugewerbe	41 200	5,4	48 700	14,0	50 900	13,0
Dienstleistungsbereich	352 100	46,2	183 100	52,7	161 500	41,1
Handel, Banken, Versicherungen	66 800[b]	8,8	16 900	4,9	23 400	6,0
Verkehr, Nachrichtenübermittlung	44 400	5,8	11 900	3,4	37 500	9,5
sonstige Dienstleistungen	240 900	31,6	154 300	44,4	100 600	25,6
insgesamt	761 600	100	347 500	100	392 900	100
männlich	647 600	85,0	—	—	—	—
weiblich	114 000	15,0	—	—	—	—
Afrikaner	732 100	96,1	298 900[c]	95,7	—	—
Asiaten	20 000	2,7	10 200[c]	3,3	—	—
Europäer	9 500	1,2	3 300[c]	1,0	—	—
privater Bereich	462 300	60,7	163 600	47,1	231 600	58,9
öffentlicher Bereich	299 300	39,3	183 900	52,9	161 300	41,1
Gesamtbevölkerung	12 483 000		10 810 000		13 630 000	
Erwerbstätige in % der Gesamtbevölkerung		6,1		3,2		2,9

[a] Erwerbstätige in der Landwirtschaft nur teilweise erfaßt
[b] einschließlich Hotel- und Gaststättengewerbe
[c] 1970

Quellen: LÄNDERKURZBERICHTE KENIA 1975, S. 13, 18 — LÄNDERKURZBERICHTE UGANDA 1976, S. 12, 17, 18 — LÄNDERKURZBERICHTE TANSANIA 1976, S. 12, 18

Tabelle 2   Der Außenhandel der Staaten Ostafrikas 1974[a]

	Kenya	Mio. US-$	%	Uganda	Mio. US-$	%	Tanzania	Mio. US-$	%
wichtige Ausfuhrwaren	Rohkaffee	109,1	22,8	Rohkaffee	235,2	73,2	Sisal und Sisalerzeugnisse	85,3	22,0
	Erdöldestillate	82,5	17,2	Rohbaumwolle	38,8	12,1	Rohbaumwolle	66,2	17,1
	Tee	55,1	11,5	Rohkupfer und Kupferlegierungen	17,2	5,3	Rohkaffee	52,5	13,5
	Spinnstoffe	54,0	11,3	Tee	15,6	4,9	Cashewnüsse	34,0	8,7
	pflanzliche Rohstoffe	23,5	4,9	sonstiges	14,7	4,6	Erdöldestillate	18,2	4,7
	Obst und Gemüse	20,1	4,2				Diamanten	15,0	3,9
	Fleisch und Fleischwaren	12,8	2,7				Gewürznelken	12,4	3,2
	Häute und Felle	12,6	2,6				Rohtabak	12,3	3,2
	Zement	11,3	2,4				Tee	9,7	2,5
	Soda	7,7	1,6				sonstiges	82,2	21,2
	sonstiges	89,8	18,8						
Ausfuhr insgesamt		**478,5**	**100**		**321,5**	**100**		**387,8**	**100**
wichtige Einfuhrwaren	Rohöl	190,4	19,0	Kraftfahrzeuge	15,9	11,8	Rohöl	129,9	17,1
	nicht-elektr. Maschinen	91,3	9,1	nicht-elektr. Maschinen	11,7	8,7	Kraftfahrzeuge	48,7	6,4
	Eisen und Stahl	76,6	7,6	Textilwaren	11,1	8,3	Maschinen und Apparate	45,0	5,9
	Kraftfahrzeuge	76,2	7,6	Papier und Pappe	10,0	7,4	Metallwaren	33,9	4,5
	Textilwaren	54,3	5,4	elektr. Maschinen und Apparate	9,8	7,3	Textilwaren	22,1	2,9
	Papier und Pappe	48,5	4,8	Getreide und Getreideerzeugnisse	7,9	5,9	Pharmazeutika	15,0	2,0
	Düngemittel	43,4	4,3	Pharmazeutika	6,4	4,8	Papier und Pappe	12,7	1,7
	elektr. Maschinen und Apparate	41,8	4,2	Metallwaren	6,0	4,5	Schienenfahrzeuge	12,2	1,6
	Erdöldestillate	39,1	3,9	Eisen und Stahl	4,9	3,6	Erdöldestillate	10,7	1,4
	Metallwaren	25,4	2,5	Reifen und Schläuche	3,9	2,9	sonstiges	430,0	56,6
	sonstiges	315,4	31,5	sonstiges	46,8	34,8			
Einfuhr insgesamt		**1 002,4**	**100**		**134,4**	**100**		**760,2**	**100**
Ausfuhr- (+) bzw. Einfuhr-(−)-überschuß		−523,9			+187,1			−372,4	

[a]   Der Handel innerhalb der East African Economic Community zwischen Kenya, Uganda und Tanzania wird in der Tabelle nicht erfaßt.

Quellen: LÄNDERKURZBERICHTE KENIA 1975, S. 23, 24 — LÄNDERKURZBERICHTE UGANDA 1976, S. 22, 23 — LÄNDERKURZBERICHTE TANSANIA 1976, S. 22, 23

ger ausländischer Investitionsneigung, z. T. unzureichende Verkehrserschließung und unvollständige Prospektion nicht angetan, diesem eher schrumpfenden Wirtschaftszweig zu rascher Weiterentwicklung zu verhelfen. So liegt der Beitrag des Bergbaues zum Bruttoinlandsprodukt auch nur knapp über 1 %, in Kenya sogar unter 0,5 %.

Tanzanias ehemals nicht unbeachtliche Goldförderung geht rasch der Erschöpfung entgegen. Heute werden vor allem Diamanten, insbesondere Industriediamanten, gefördert, und zwar hauptsächlich bei Schinjang, südlich des Victoriasees, und in der Region Dodoma. Allerdings muß auch hier mit baldiger Einstellung gerechnet werden. Kleinere Vorkommen von Magnesit, Zinn, Salinensalz, Steinkohle u. a. besitzen keine tragende Bedeutung. Intensive Ölsuche im Küstensockel blieb ohne Erfolg.

Ugandas bergbauliches Schwergewicht liegt auf der Förderung von Kupfererzen bei Kilembe, am Fuße des Ruwenzori. Sie leidet jedoch unter sinkenden Weltmarktpreisen und unstabiler nationaler Wirtschaftspolitik. Auch wird in weniger als zehn Jahren mit Erschöpfung gerechnet. Bedeutung erlangt haben ferner der Abbau von Naturphosphaten zur Düngemittelerzeugung bei Tororo und die Salzgewinnung am kleinen Katwesee, nahe dem NE-Ufer des Edwardsees. Letztere soll demnächst den Binnenbedarf decken und möglicherweise sogar Exporterlöse abwerfen.

Kenya fördert neben reichlich vorhandenen Industriemineralien wie Gips, Kalkstein und Kaolin vor allem Sodaasche und Salz am Magadisee. Verstärkte Prospektionstätigkeit in den letzten Jahren blieb zwar wie in Tanzania bezüglich Erdöl erfolglos, brachte aber anderweitig neue positive Entwicklungen. So setzte im Keriotal, östlich von Eldoret, ein als zukunftsreich eingeschätzter Abbau von Flußspat ein und konnte 1972 in Kinangoni, nördlich von Mombasa, mit der Förderung von Blei und Silber begonnen werden.

Ungleich wichtiger als der Bergbau ist in allen drei ostafrikanischen Staaten die Verarbeitende Industrie. Kenya zählt diesbezüglich sogar zu den am weitesten entwickelten Ländern in Schwarzafrika. Allerdings vollzieht sich das Produktionswachstum rascher als die Beschäftigtenzunahme, so daß Bevölkerungs- und Einkommenseffekte nur allmählich zur Geltung kommen. Uganda und Tanzania liegen in der Entwicklung noch zurück.

Kennzeichnend ist jeweils eine beträchtliche Einflußnahme des Staates. Vor allem Tanzania versucht durch Partial- und Totalverstaatlichung von immer mehr Unternehmen steuerungspolitisch wirksam zu werden. In Kenya steht zwar die Förderung der Privatinitiative im Vordergrund, jedoch gewinnt auch hier die staatliche Beteiligung zunehmend an Gewicht, insbesondere durch Übernahme ausländischen Unternehmensbesitzes. Ähnliches gilt für Uganda, wobei hier allerdings die schon erwähnte wechselhafte Wirtschaftspolitik und unsichere gesamtpolitische Lage private Investitionsneigungen zusehends hemmen und vielfach sogar zu negativem Wachstum der industriellen Produktion führen (s. *Tab. 3*).

Bei überwiegend kleinbetrieblichen Strukturen kommt bezüglich der Branchenzusammensetzung der Be- und Verarbeitung agrarischer Produkte großes Gewicht zu. Charakteristische Betriebe sind etwa Kaffeeschälereien und -röstereien, Baumwoll- und Sisalspinnereien, Getreidemühlen, Rohrzucker- und Teefabriken u. a. m. Industrien auf bergbaulicher Grundlage haben kaum Bedeutung, am ehesten noch in Uganda (Kupferschmelze, Düngemittelindustrie). Andere, nicht-agrare Industriezweige sind, dem höheren Entwicklungsniveau entsprechend, in Kenya am weitesten entwickelt.

Tabelle 3 Betriebe und Produktion ausgewählter Erzeugnisse von Bergbau, Verarbeitender Industrie und Energiewirtschaft der Staaten Ostafrikas 1973

		Kenya	Uganda	Tanzania
Bergbau[d]				
Betriebe		46	12[ac]	12[af]
Produktion				
Kupfererz (Cu-Gehalt)	1 000 t		10 — —	
Zinnerz (Sn-Gehalt)[e]	t		100	12 — —
Wolframerz (WO_3-Gehalt)	t		171 — —	1 — —
Beryll	t	*	137	
Magnesit	t	1 517 + +		800
Kohlendioxid (CO_2)	t	1 693		
Gold	g	4 238		
Diamanten	1 000 Kt	*		580 —
Salz	1 000 t	35 —	*	44[b]
Soda (Na_2CO_3-Gehalt)	1 000 t	206		
Naturphosphat (P_2O_5-Gehalt)	1 000 t	*	23[b] —	
Kalk und Kalkstein	1 000 t	32 +		
Verarbeitende Industrie				
Betriebe		1 565	460[ac]	235[cf]
Produktion				
Weizenmehl	1 000 t	133	37[b]	51
Zucker	1 000 t	149 +	74 — —	107 +
Kopra	1 000 t	4		27
Butter	1 000 t	6		2
Bier	1 000 hl	1 394 +	456 +	693 +
Zigaretten	Mio. St.	3 050 +	1 861 +	3 451 +
Tabak	t	12	96 —	14[b] +
Schnittholz	1 000 m³	125[b]	78	190
Pyrethrumextrakt	t	157	*	155
Farben	1 000 l	41	1 443	28
Seifen	1 000 t	32 +	14[b]	
Zement	1 000 t	792	143 —	314 +
Superphosphat	1 000 t		19 —	
Hüttenkupfer	1 000 t		10 —	
Rohstahl	1 000 t		14 —	
Wellblech	1 000 t		5 —	
Motorenbenzin	1 000 t	334		115 —
Heizöl, leicht	1 000 t	545 +		178
Heizöl, schwer	1 000 t	1 239		412 +
Energiewirtschaft (öffentl.)				
Betriebe		7	*	21[af]
Produktion				
Elektrizitätserzeugung	Mio. kWh	723 +	798 —	512[f] +

signifikantes Wachstum:　　— 　negativ　　　　　[a]　Stand 1971
　　　　　　　　　　　　— — 　stark negativ　　[b]　Stand 1972
　　　　　　　　　　　　+ 　positiv　　　　　　[c]　Privatunternehmen mit ≧ 10 Beschäftigten
　　　　　　　　　　　　+ + 　stark positiv　　[d]　einschließlich Gewinnung von Steinen und Erden
* 　keine Angabe　　　　　　　　　　　　　　[e]　Ausfuhrmenge
　　　　　　　　　　　　　　　　　　　　　　[f]　ohne Sansibar

Quellen: Länderkurzberichte Kenia 1975, S. 21, 22 — Länderkurzberichte Uganda 1976, S. 20, 21 — Länderkurzberichte Tansania 1976, S. 21, 22

Räumlich konzentriert sich die Verarbeitende Industrie naturgemäß in den Städten, wobei den großen Zentren Nairobi, Mombasa, Kampala, Jinja und Dar es Salaam besondere Bedeutung zukommt. Als signifikante Standorte von Grundstoffindustrien haben sich insbesondere die Küstenstädte Mombasa und Dar es Salaam (Verarbeitung von importiertem Rohöl) sowie Jinja (energieständige metallurgische Grundstoffindustrie) entwickelt. Gebrauchsgüterindustrien finden Schwerpunkte daneben vor allem in den Kapitalen Nairobi und Kampala sowie in kleineren Zentren wie Moshi oder Arusha. Lediglich Industrien auf agrarer Basis streuen nennenswert in den ländlichen Bereich.

Wichtiger Motor moderner industrieller Entwicklung ist die Versorgung mit Elektrizität. Dies zeigt sich besonders an einzelnen energiegünstig gelegenen Standorten wie Jinja (Kupferschmelze, Elektrostahlwerk) und Mombasa (Aluminiumindustrie).

In der Regel sind nur die dichtbesiedelten Gebiete, in Tanzania sogar nur einige größere Städte, an ein überregionales Stromversorgungssystem angebunden. Es wird aus wasser- oder ölgetriebenen Wärmekraftwerken gespeist. Die Versorgung ländlicher Gebiete erfolgt zumeist mit Hilfe kleiner Dieselgeneratoren.

Am günstigsten ist die Energiesituation in Uganda. Es besitzt mit dem Owen Falls Werk bei Jinja (150 MW) die leistungsfähigste Krafterzeugungsanlage Ostafrikas und kann über ein Drittel seines gesamten öffentlichen Elektrizitätsaufkommens exportieren. Kenya, das autarkiestrebig größte Anstrengungen unternimmt, seine Kapazitäten auszuweiten, übertrifft zwar seit 1974 sogar die ugandische Produktion (1974: Kenya 804 Mio. kWh, Uganda 780 Mio. kWh), ist aber aufgrund seines höheren Industrialisierungsgrades noch von den dortigen Exporten abhängig (die Stromlieferungen von Uganda nach Kenya, 1973 in Höhe von rund 300 Mio. kWh, wurden 1976 infolge des Konfliktes zwischen beiden Staaten unterbrochen). Tanzania kann diesbezüglich mit keinem seiner Nachbarländer konkurrieren und schreitet auch im Ausbaustadium nur sehr allmählich voran.

Ungleich rascher als in der übrigen Wirtschaft verläuft die Entwicklung des Fremdenverkehrs (s. *Tab. 4*). Die Gästezahlen haben sich während der vergangenen Dekade etwa verzehnfacht. In allen drei Staaten wurde der Ausländertourismus zu einer wichtigen Devisenquelle. In Kenya rangiert er nach dem Export von Kaffee und Erdöldestillaten an dritter Stelle, in Uganda ist er von ähnlicher Bedeutung wie die gesamte Baumwollausfuhr und in Tanzania liegt er immerhin noch etwa an fünfter Stelle der Devisenbringer.

Motoren der Entwicklung sind einerseits die nationalen Regierungen selbst, die sich über eigens geschaffene Förderinstitutionen aktiv im Bau und Ausbau von Hotels engagieren, erhebliche Mittel für die Unterhaltung und Erweiterung von Nationalparks und Wildreservaten aufwenden und trotz allgemeiner Nationalisierungsbestrebungen auch ausländische Investitionen fördern. Auf der anderen Seite stehen europäische und nordamerikanische Touristenagenturen, die mit organisierten Flugpauschalreisen und Safarianschlußprogrammen den Markt beherrschen. Die mit Abstand führenden Herkunftsländer der Fremden sind die Vereinigten Staaten, Großbritannien und die Bundesrepublik Deutschland.

Am weitesten entwickelt ist der Tourismus in Kenya, das Küstenstandorte ausgebaut hat, ferner über eine vergleichsweise gute Anbindung des Landesinneren verfügt und mit Nairobi den zentralen ostafrikanischen Luftverkehrsknoten besitzt. Tanzania, an landschaftlichen Attraktionen um nichts zurückstehend, leidet vor allem unter einer unzureichenden Hinterlanderschließung. So sind die nördlichen Landesteile (Serengeti National-park, Kilimandjaro) von Nairobi aus leichter zu erreichen als von Dar es Salaam. Neuer-liche Bestrebungen, durch den Bau eines Flugplatzes zwischen dem Kilimandjaro und dem Meru und die Erhebung von Lizenzgebühren für von kenyanischer Seite aus organisierte Safaris den Anteil am Ostafrikatourismus zu vergrößern, blieben ohne den erwarteten Er-folg. Für Uganda wirkt sich, trotz reicher natürlicher Reize, die Küstenferne nachteilig aus. Der Victoriasee, zum Baden ungeeignet, und andere Wasserflächen vermögen nicht mit den Stränden des Indischen Ozeans zu konkurrieren, wie sie Kenya und Tanzania be-sitzen. Hinzu kommt ein dem Fremdenverkehr abträglicher politischer Hintergrund, der

Tabelle 4   Der Fremdenverkehr der Staaten Ostafrikas

	Kenya	Uganda	Tanzania
Ferienreisende (in 1 000)			
1973	292	*	*
1972	328	*	100[a]
1971	293	64	85[a]
1970	232	75	60
1969	186	70	41[b]
1968	*	50	27
Hotelbetten			
1973	16 000	2 800	*
1972	13 600	*	5 700
1971	11 500	*	5 500
1970	10 600	*	5 400
1969	*	*	3 600
1968	*	*	3 200
Deviseneinnahmen aus Fremdenverkehr (in Mio. US-Dollar)			
1973	75,2	*	19,9
1972	68,8	*	16,8
1971	77,2	20,7	14,0
1970	55,2	18,9	13,5
1969	*	17,9	11,3
1968	*	13,0	9,2

*   keine Angaben
[a]   ohne Einreisende aus Kenya und Uganda, einschließlich Geschäfts- und Durchreisender
[b]   ohne Einreisende aus Kenya und Uganda, einschließlich Geschäftsreisender

Quellen: LÄNDERKURZBERICHTE KENIA 1974 und 1975, S. 27 und S. 26, 27 — LÄNDERKURZBERICHTE UGANDA 1971 und 1976, S. 20, 21 und S. 24, 25 — LÄNDERKURZBERICHTE TANSANIA 1971, S. 24, 1974 und 1976, S. 24, 25 und S. 25, 26

nach 1972 zu Rückschritten im Gästeaufkommen geführt hat. Das ändert jedoch nichts daran, daß längerfristig der Auslandstourismus auch in Uganda gute Weiterentwicklungschancen hat.

4   Bergbau, Verarbeitende Industrie, Energieversorgung und Fremdenverkehr im Bereich des Blattes E 12 des Afrika-Kartenwerkes

4.1 Bergbau

Im dargestellten Untersuchungsraum wurden zum Zeitpunkt der Erhebungen Gold (z. T. assoziiert mit Silber), Soda, Salz, Phosphate, Kohlendioxyd, Kalk(stein) und Diatomit gewonnen. Insgesamt konnten neun Standorte lokalisiert werden. Neben Kleinbetrieben blieb dabei die Förderung von Mineralien, soweit sie von der produktions- bzw. aufbereitungstechnischen Seite eher der Steine-Erden-Industrie zuzurechnen ist, meist unberücksichtigt.

An der Gesamtzahl der erfaßten ca. zweieinhalbtausend Arbeitsplätze waren insbesondere drei Großstandorte beteiligt: Macalder Mine (Gold mit Silber), im kenyanischen Distrikt Südnyanza östlich des Victoriasees, mit rund 800 Beschäftigten; Buhemba (Gold), im Bereich des Musoma-Feldes im nördlichsten Tanzania, mit etwa 400 Beschäftigten und Magadi (Soda und Salz), im Masaigebiet südwestlich von Nairobi, mit ebenfalls etwa 400 Beschäftigten. Sie alle zeichnen sich durch stark oder sogar extrem periphere Lagen aus.

Als weiterer Großstandort ist in der Zwischenzeit der Abbau von Flußspat im Keriotal östlich von Eldoret hinzugekommen. Die jährliche Fördermenge hat rund 120 000 t erreicht und ist überwiegend für den Export nach Japan und in die Sowjetunion bestimmt. Im vollen Ausbaustadium soll die Mine nicht weniger als 25—30 Mio. US-Dollar pro Jahr erwirtschaften.

Aufs Ganze gesehen hat der Bergbau jedoch einen Schrumpfungsprozeß erlebt. Die Buhemba Mine, Ostafrikas einziger Untertagebau und seit der Schließung des Geita-Feldes 1966 das alleinige noch größere Goldvorkommen in Tanzania, mußte 1970 den Abbau wegen Erschöpfung einstellen, nachdem sie zwischen 1960 und 1966 immerhin rund 50 000 Unzen Feingold pro Jahr produzierte. Auch die Macalder Mine, sie war früher aufgrund von Kupfervorkommen von noch viel größerer Bedeutung, wurde in der Zwischenzeit stillgelegt. Zwar sprechen offizielle kenyanische Verlautbarungen von einer möglichen Wiederbelebung (s. KENYA-HANDBOOK 1973, S. 55). Ob dieser Optimismus jedoch angebracht ist, erscheint angesichts der raschen Erschöpfung aller anderen Goldfelder in der Nachbarschaft des Victoriasees als recht fraglich. Anders gelagert sind die Verhältnisse beim Sodaabbau am Magadisee, betrieben von der Magadi Soda Company, einer ICI-Tochtergesellschaft. Eine Erschöpfung ist hier selbst auf längere Sicht nicht zu befürchten. Auch hält sich die Produktion im mehrjährigen Mittel seit Jahrzehnten bei knapp über 100 000 t pro Jahr und bildet einen nicht unbeachtlichen Aktivposten für Kenyas Außenhandelsbilanz. Die Bedeutung für den regionalen Arbeitsmarkt jedoch sinkt durch Rationalisierungs- und Mechanisierungsmaßnahmen stark ab (1957: 1 220 Beschäftigte; 1962:

830; 1969: 290; davon jeweils etwa 80—90 % Afrikaner). Hinzu kommt, daß die Struktur der Exportabhängigkeit von wenigen Großabnehmern zu empfindlichen Nachfrageschwankungen führt (Produktion 1959: 150 000 t; 1964: 80 000 t; 1968: 110 000 t; 1973: 206 000 t), und die Entwicklung längerfristig wenig überschaubar ist.

Industrialisierungseffekte durch den Bergbau sind zumindest im ländlichen Raum so gut wie nicht gegeben, sowohl was die Verarbeitung und Veredlung von Bergbauprodukten anbetrifft, als auch, mangels entsprechender Agglomerationswirkung auf Bevölkerung und Kapital, hinsichtlich sonstiger komplementärer Industriezweige. Gerade herausragende Standorte wie Macalder und Magadi zeigen dies deutlich. Lediglich in städtischen Bereichen wie Jinja (Kupferhütte), Nairobi und Athi River (Zementindustrie) oder Tororo (Kunstdüngerindustrie) finden sich Ansätze.

Indirekte Effekte aufgrund infrastruktureller Erschließungen sind nur von begrenzter Bedeutung. So erfolgte eine bergbaubedingte Ausweitung des Eisenbahn„netzes" nur durch die Stichbahn Konza-Magadi, die auch heute noch ausschließlich dem Sodatransport dient, und durch die Verlängerung der Ugandabahn über Mitanya hinaus nach Kilembe (Kupfer- und Kobaltvorkommen, in der Karte nicht mehr enthalten). Allenfalls in diesem Bereich brachte die Verkehrsanbindung an die Hauptstadt Kampala Entwicklungsimpulse, so z. B. durch den verstärkten Ausbau marktorientierter Agrarprodukte (vgl. dazu MÖLLER 1971).

4.2 Verarbeitende Industrie

4.2.1 Generelle Grundzüge der räumlichen Entwicklung und Standortmuster

4.2.1.1 Generelle Grundzüge der räumlichen Entwicklung

Die räumlich-industrielle Entwicklung läßt sich im wesentlichen auf zwei Prozeßtypen (vgl. auch PEARSON 1969, S. 68) zurückführen, die mehr oder weniger zeitparallel, aber mit unterschiedlicher Dynamik vonstatten gingen oder gehen.

Ein Stimulans ergibt sich aus der Vorwärtsentwicklung des agraren Sektors. Sie führt zu einer bescheidenen Bearbeitung oder meist wenig komplizierten Verarbeitung agrarer Rohstoffe, sei es für den lokalen Markt, die Versorgung städtischer Zentren oder den Export. Ihr kommt insofern besondere Bedeutung zu, als ihre Standorte nur bei höheren technischen Niveaus oder starker Marktorientierung auf die städtischen Siedlungen beschränkt bleiben, ansonsten aber, zumindest in den agraren Gunstgebieten nahe der zentralen W-E-Achse, durchaus einer breiteren räumlichen Streuwirkung unterliegen, da der Kapitalaufwand bei kleinen Betriebseinheiten und ohne größeren Einsatz mechanischer Hilfsmittel gering ist und eine hochwertige Infrastrukturerschließung sowie das Vorhandensein qualifizierter Arbeitskräfte nicht erforderlich sind. Die dadurch erzielten Einkommenseffekte reichen jedoch in der Regel nicht aus, um zu einer Komplementärindustrialisierung zu führen. Eine industrialisierende Vorwärtsentwicklung des Bergbausektors ist, wie erwähnt, vergleichsweise unbedeutend und kommt, abgesehen von eventueller lokaler Raffinade zur Transportkostenminderung, allenfalls in wenigen städtischen Standorten zur Geltung. Ursächlich dafür sind die Struktur und insgesamt geringe

Bedeutung des Bergbaues einerseits und die Kapitalintensität höherwertiger Veredelungs-
stufen andererseits.

Der zweite Typ industrieller Entwicklung leitet sich aus einem Wachstum der Nachfrage durch allmählichen Fortschritt in Lebensstandard und technischem Niveau ab. Die
Standorte sind überwiegend bestimmt von der Größe und Kaufkraft des Marktes, d. h. der
ortsansässigen Bevölkerung und Wirtschaft. Bei zunehmender interökonomischer Integration und Diversifizierung spielen auch die allgemeinen Fühlungsvorteile, die sich aus
Kommunikationsmöglichkeiten, Infrastrukturerschließung, Qualität und Quantität des
Arbeitsmarktes usw. ergeben, eine Rolle. Daraus resultierend vollzieht sich diese industrielle Entwicklung, z. T. losgelöst von jeglicher agrarer Bindung, allein in den Städten
der W-E-Achse, die gleichzeitig Standorte des Handels und sonstiger Dienstleistungsbe-
reiche sind, wo sich die Bevölkerung konzentriert und eine gewisse Kapitalakkumulation
stattfindet. Der technische Stand solcher Industrien ist je nach Branche verschieden, die
durchschnittliche Kapitalintensität dem allgemeinen Entwicklungsniveau entsprechend
aber noch nicht sehr hoch. Selbstverstärkungsmechanismen dergestalt, daß über
Einkommenseffekte neue Nachfrage geschaffen und damit neue Industrieentwicklung in-
duziert wird, kommen in Gang, wenn auch nur allmählich und am ehesten in den Groß-
städten Nairobi, Kampala und Jinja.

Aus der unterschiedlichen Dynamik beider Prozesse erklärt sich, daß ein strukturbe-
dingtes Stadt-Land-Gefälle in Bedeutung, Diversifizierungsgrad und technischem Niveau
der Industrie immer mehr zunimmt.

4.2.1.2 Standortmuster

Das Gerüst der räumlichen Industrieverteilung bilden die W-E-Verkehrsachse der Ugandabahn mit ihren Nebenlinien und die in der Regel parallel dazu verlaufenden Straßen. Sie
bieten die erforderliche innerregionale Erschließung und überregionale Anbindung an die
Küste nach Mombasa.

Eindeutig dominierender Standort entlang der zentralen Leitlinie, im SE des Kartenblattes gelegen, ist Nairobi. Seine hauptstädtische Zentralität und Marktgröße hat zu einer
Anhäufung von Standorten mittlerer Größe in nächster Umgebung (Limuru, Ruiru, Athi
River) beigetragen. Gegenpol im Westen ist Ugandas Hauptstadt Kampala, dessen indu-
strielle Entwicklung allerdings weniger ausgeprägt ist, vor allem aufgrund der Konkurrenz
des benachbarten energieständigen Standortes Jinja. Alle drei Städte sind von komplexer
Branchenstruktur und stellen die industriellen Schwerpunkte dar. Dazwischen reihen sich
Zentren mittlerer Größe und geringerer Branchendifferenzierung entlang der verbinden-
den Bahnlinie und der abzweigenden Stichbahnen, wobei als Standorte insbesondere die
Knotenpunkte (z. B. Tororo, Eldoret, Nakuru) und Endstationen (z. B. Kitale, Thomson's
Falls, Nanyuki) hervortreten. Die Streuung der Standorte ist allerdings so aufgelockert,
daß sich insgesamt nur eine fragmentarisch axiale Raumstruktur ergibt und lediglich in Ausnahmefällen (Kisumu — Miwani — Chemelil — Muhoroni) echter Bandcha-
rakter erreicht wird. Außerhalb dieses Systems streuen meist völlig einseitig strukturierte
Kleinstandorte in sehr großer Zahl dispers im ländlichen Raum, wobei sich die Verbrei-

tungsgebiete, in regionsspezifischer Branchendominanz (Kaffee-, Baumwollaufbereitung, Holzbearbeitung) gruppiert, naturgemäß an den primärwirtschaftlichen Gunsträumen orientieren und im Prinzip kaum über den durch die größeren Siedlungsplätze abgesteckten Rahmen hinausreichen.

Insgesamt wurden 201 Industriestandorte erfaßt. Ihre quantitative Auswertung bestätigt von der Größenstreuung her die übermäßige Vorherrschaft kleiner Einheiten. 146 (= 73 %) aller Standorte zählen weniger als 100 Beschäftigte und repräsentieren damit nur 11 % der gesamten Industriearbeitsplätze. Weitere 35 (= 17 %) liegen mit zusammen 9 % der Arbeitsplätze unter der 500-Beschäftigtengrenze. D. h., nur 10 % aller Industriestandorte überschreiten diesen Schwellenwert, konzentrieren aber 81 % aller Beschäftigten auf sich. Allein die drei herausragenden Großstandorte Nairobi (rd. 30 000 Beschäftigte), Jinja/Njeru (rd. 9 300 Beschäftigte) und Kampala (rd. 8 100 Beschäftigte) machen zusammen 54 % der Arbeitsplätze aus, während Industriestandorte mit 3 000—8 000 Beschäftigten fehlen.

Unter Zugrundelegung der dargestellten groben Industriegruppen Nahrungs- und Genußmittel (I. S. I. C. 31)[4], Textil und Bekleidung (321, 322), Leder und Schuhe (323, 324), Holz und Möbel (33), Papier und Druck (34), Chemie und Gummi (35), Keramik, Glas, Zement (36), Metallwaren und Maschinenbau (38) sowie sonstige verarbeitende Industrie (39) sind 142 (= 71 %) der Industriestandorte als rein monostrukturiert und 28 (= 14 %) als bistrukturiert einzustufen. Nur 8 Standorte (= 4 %) haben 6 und mehr Branchen ausgeprägt.

Die Größenstreuung und das Ausmaß der Branchendiversifizierung der Industriestandorte sowie den Zusammenhang beider Kriterien gibt *Figur 1* wieder. Demnach sind die Standorte mit weniger als 100 Beschäftigten ganz überwiegend und diejenigen unter 200 Beschäftigten noch weitgehend monostrukturiert. Eine volle Branchenentwicklung wird erst bei Standorten mit etwa 2 000 und mehr Beschäftigten erreicht. Drei Standorttypen weichen von der normalen Korrelation zwischen Beschäftigtenzahl und Branchenstreuung ab. Bei der ersten Gruppe handelt es sich um Einheiten, die trotz geringer Beschäftigtenzahl eine beachtliche Branchendiversifizierung erreichen. Es sind dies Kleinstädte peripherer Lage, die im ländlichen Raum zentralörtliche Funktionen auf Provinz- (Nyeri) oder Distriktsebene (Soroti, Kitale) wahrnehmen. Im Gegensatz dazu stehen Standorte beachtlicher Größe, aber ohne oder mit nur geringer Branchendiversifizierung. Dazu gehören einerseits rein monostrukturierte Zentren der großbetrieblich organisierten Zuckerrohrverarbeitung (Muhoroni, Miwani, Chemelil), andererseits Standorte, die weitgehend von einer Branche dominiert werden, und zwar ebenfalls der Zuckerrohrverarbeitung, daneben aber kleinere Ergänzungsindustrien ausgeprägt haben (Lugazi, Kakira) und Standorte, die im unmittelbaren Vorfeld und Einflußbereich der beherrschenden Industriezentrale Nairobi liegen (Athi River, Limuru, Ruiru).

---

[4] International Standard Industrial Classification of all Economic Activities (s. STATISTICAL PAPERS 1968).

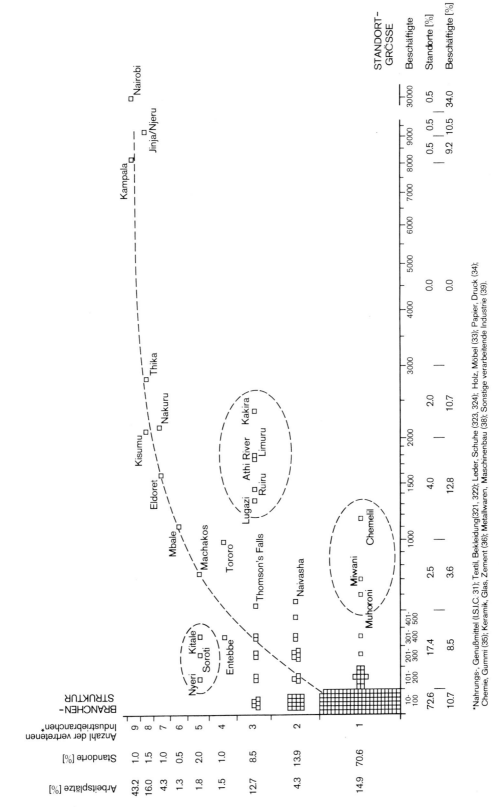

Figur 1   Die Industriestandorte im Bereich des Blattes E 12 des Afrika-Kartenwerkes nach ihrer Beschäftigtenzahl und Branchenrepräsentation

*Nahrungs-, Genußmittel (I.S.I.C. 31); Textil, Bekleidung(321, 322); Leder, Schuhe (323, 324); Holz, Möbel (33); Papier, Druck (34); Chemie, Gummi (35); Keramik, Glas, Zement (36); Metallwaren, Maschinenbau (38); Sonstige verarbeitende Industrie (39).

4.2.2 Branchenstruktur und Branchenlokalisation

4.2.2.1 Branchenstruktur

Die in der Karte verwendete Untergliederung in Industriezweige richtet sich, wie erwähnt, nach der International Standard Industrial Classification (STATISTICAL PAPERS 1968). Dies war aus Gründen sowohl des statistischen Materials als auch der Koordination mit den übrigen Industriestandortkarten des Afrika-Kartenwerkes[5] erforderlich. Es gilt jedoch zu berücksichtigen, daß diese Klassifikation, zumindest in der dargebotenen Grobeinteilung, nur bedingt geeignet ist, um die industrielle Struktur Ostafrikas und ihre entwicklungslandspezifischen Eigenarten wiederzugeben. Allein schon der Begriff „Industrie" mag, sofern er nach hochtechnisierten europäischen Verhältnissen interpretiert wird, zu Fehlvorstellungen führen. Man würde der ostafrikanischen Industrie gerechter, unterteilte man sie, wie OGENDO (1972), auf dessen Industriegeographie Kenyas die folgenden Abschnitte mit aufbauen, zunächst in „processing industries" und „fabricating industries". „Processing" umschreibt dabei im Prinzip eine meist noch recht primitive Art der Aufbereitung von Rohstoffen und ist vielfach, oft auch standörtlich getrennt, als eine Vorstufe der höherwertigen und höher technisierten Transformations- oder Herstellungsprozesse der „fabricating industries" anzusehen. Unabhängig davon stehen „service industries", die zwar auch produzieren, aber daneben einen hohen Dienstleistungscharakter besitzen. Handwerkliches Geschick und Improvisationsbereitschaft sind für sie gelegentlich kennzeichnender als die technische Ausstattung.

Entsprechend der Eigenart eines überwiegend agrarisch beeinflußten Raumes empfiehlt es sich hinsichtlich der Branchenstruktur des weiteren, in Industriegruppen zu untergliedern, die primär auf agrarischer Grundlage basieren, und solche, die davon unabhängig sind. Führt man daneben eine Differenzierung nach Ernährungs- und Nicht-Ernährungsindustrien ein, so wird eine Branchenklassifikation erreicht (vgl. auch WEIGT 1973), die bei entsprechender Verfeinerung den örtlichen Gegebenheiten weit mehr entspricht:

Agricultural food processing industries
  Fleischverarbeitung
  Herstellung von Molkereiprodukten
  Obst- und Gemüsekonservierung, Herstellung nicht-alkoholischer Getränke
  Getreidemühlen
  Backwarenherstellung
  Schokoladen- und Zuckerwarenherstellung
  Zuckererzeugung
  Teeaufbereitung
  Kaffeeaufbereitung
  Brauen und Brennen alkoholischer Getränke

---

[5] ARNOLD, A. 1976: AFRIKA-KARTENWERK, Serie N, Blatt 12. Wirtschaftsgeographie — Nordafrika. SCHÄTZL, L. 1976: AFRIKA-KARTENWERK, Serie W, Blatt 12. Wirtschaftsgeographie — Westafrika. CECH, D.; MATZNETTER, J.; et al. in Vorbereitung: AFRIKA-KARTENWERK, Serie S, Blatt 12. Wirtschaftsgeographie — Südafrika.

Agricultural non-food processing and fabricating industries
    Tabakwarenherstellung
    Seifen- und Öleherstellung
    Herstellung pflanzlicher chemischer Produkte (insbesondere Pyrethrum)
    Herstellung und Reparatur von Schuhwerk
    Gerbstoffgewinnung, Gerben und Lederverarbeitung
    Aufbereitung pflanzlicher Fasern
    Textilerzeugung
    Herstellung von Bekleidung
    Holzbearbeitung (Sägewerke)
    Holzverarbeitung und Möbelherstellung
    Zellstoff-, Papier- und Pappeerzeugung

Non-agricultural processing and fabricating industries *und* service industries
    Herstellung chemischer Grundstoffe und Produkte nicht-pflanzlicher Art
    Ziegeleien und Baustoffherstellung
    Herstellung von Zement, Glas u. ä.
    Gummiwarenerzeugung (insbes. Reifenherstellung und -erneuerung)
    Herstellung von Metallwaren
    Herstellung und Reparatur elektrischer Maschinen
    Herstellung und Reparatur nicht-elektrischer Maschinen
    Kraftfahrzeugmontage
    Kraftfahrzeugreparatur
    Eisenbahnausbesserung
    Bau und Reparatur von Booten und Schiffen
    Druckerei und Vervielfältigung

Auf dieser Einteilung aufbauend, seien im folgenden Abschnitt Grundzüge branchenspezifischer Lokalisationen angedeutet.

4.2.2.2   Branchenlokalisation

4.2.2.2.1   Agricultural food processing industries

Ein einheitliches räumliches Verbreitungsmuster dieser Industriegruppen läßt sich nicht feststellen. Die Standorte sind je nach Rohstofforientierung, Konsumorientierung und Technisierungsgrad teils überwiegend städtisch, teils überwiegend ländlich, mit verschiedenen Zwischenstufen, und sie divergieren, oft der Verbreitung der agrarischen Grundlage entsprechend, von regional begrenzter Lokalisation bis zu breiter Raumstreuung.

Fast rein städtisch orientiert sind insbesondere die Konserven- sowie die Schokoladen- und Zuckerwarenindustrie. Zu ersterer sind zu zählen die Obst- und Gemüsekonservierungsfabriken, ebenso, wenn auch nur bedingt vergleichbar, die Herstellung von *soft drinks* wie Coca Cola, Pepsi Cola, Fanta usw. Standorte, meist großbetrieblich, finden sich in Marktnähe, d. h. in fast allen größeren Städten, mit Schwerpunkten in Nairobi, Kampala und Thika. Die Schokoladen- und Zuckerwarenindustrie gehört zu den insgesamt weniger bedeutenden Zweigen und ist bei überwiegend kleinbetrieblicher Struktur auf Nairobi, Thika, Kisumu und Lugazi beschränkt. Überwiegend städtisch, aber weit breiter gestreut, ist auch die Backwarenindustrie.

Zu den Industrien mit z. T. ländlicher Rohstoff-, z. T. städtischer oder stadtnaher Konsumorientierung sind die Mühlen-, die Brauerei- und die Fleischwarenindustrien zu rechnen. Die Mühlenindustrie, das Schwergewicht liegt auf der Maisverarbeitung, ist in den Getreideanbaugebieten sehr verbreitet und findet großbetrieblich Standorte in Nairobi, Jinja, Eldoret und Nakuru. Brauereien und Brennereien (Gin usw.) sind vorwiegend in ländlichen, aber stadtnahen Standorten beheimatet, so etwa um Nairobi und Kampala und in kleineren Städten wie Port Bell, Nakuru, Eldoret, Kitale und Nanyuki. Grundsätzlich ähnliche Bedingungen finden sich bei allerdings geringerer Verbreitung hinsichtlich der Fleischwarenindustrie mit den Zentren Kampala, Athi River und Uplands.

Bei der Molkereiindustrie bedingt die Transportdauerempfindlichkeit des Rohstoffes eine überwiegend ländliche Orientierung bei breiter Streuung und kleinbetrieblicher Struktur. Eine stark überwiegend bis ausgesprochen ländliche Orientierung besitzen schließlich die Zuckerrohr-, Tee- und Kaffeeaufbereitung. Während die Zuckerrohrverarbeitung dabei wenige aber beachtlich große Standorte entwickelt, wie Chemelil, Miwani, Muhoroni, Lugazi und Kakira, sie sind aufgrund des Gewichtsverlustes bei der Verarbeitung inmitten der Produktionsgebiete zu suchen, erzielen die Teeaufbereitung, insbesondere im Raum Kericho, und die Kaffeeaufbereitung, überwiegend in den hochgelegenen Gebieten östlich des Rift Valley oder um den Mount Elgon, aber auch im südlichen Mengo, eine breite Standortstreuung. Vor allem bei der Kaffee-, z. T. auch bei der Teeaufbereitung dominieren kleine und kleinste Betriebsgrößen, so daß die räumliche Streuung (ähnliches gilt für Molkereien) im Kartenbild nicht entsprechend zum Ausdruck kommt.

4.2.2.2.2 Agricultural non-food processing and fabricating industries

Auch innerhalb dieser Gruppe finden sich verschiedenste Standortmuster, das Gewicht städtischer Lokalisation nimmt jedoch zu.

Als sehr stark ländlich-rohstofforientiert zeigen sich lediglich die Fasererzeugung und die Sägewerke. Beide gehören zu den arbeitskräftereichsten Industrien Ostafrikas überhaupt. Zur Fasererzeugung zählt insbesondere die Aufbereitung von Sisal, aber auch die von Baumwolle, Flachs, Kapok u. a. Ihr Verbreitungsbereich zieht sich bei kleinbetrieblicher Struktur, der Lage der Anbaugebiete entsprechend, in einem breiten Streifen durch das kenyanische Hochland bis in das südöstliche Uganda, kommt aber nur dort im Kartenbild zur Geltung. Auch die holzbearbeitende Industrie streut, neben einigen städtischen Standorten (Nairobi, Eldoret, Kitale), in zahlreichen kleinen Betrieben, vor allem in den ländlichen Waldgebieten der Rift Valley Provinz.

Als zum Teil ländlich, zum Teil städtisch orientiert sind die Gerberei- bzw. Lederwaren- (ohne Schuhherstellung), die Tabakwaren- und die Pyrethrumindustrie einzuordnen. Niedere Verarbeitungsstufen, wie das einfache Präparieren von Häuten und Fellen oder die ersten Behandlungen von Tabakblättern, sind in ihrer Lokalisation eng am Rohstoffaufkommen ausgerichtet. Höhere, mechanisierte Verarbeitungsstufen überwiegen in den Städten. So sind Zentren der Gerberei- bzw. Lederwarenindustrie Nairobi, Kampala, Thika und Nakuru, der Tabakwarenindustrie Nairobi und Jinja und der Pyrethrumindustrie Nairobi und Nakuru.

Bei allen anderen Industriezweigen dieser Gruppe dominieren, meist aufgrund von Marktorientierung, städtische oder stadtnahe Standorte eindeutig. Kleinere, in aller Regel nicht mechanisierte Betriebe in ländlichen Zentren fallen, zumindest am Beschäftigtenindikator gemessen, nicht ins Gewicht und wurden auch nicht erfaßt. Zu diesen Branchen sind zu rechnen, geordnet nach der Bedeutung, die Möbelindustrie (mit Schwerpunkten in Nairobi, Jinja, Kampala und Kisumu), die Textil- und Bekleidungsindustrie (Jinja, Kampala, Nairobi, Thika), die Schuhindustrie (Limuru, Kampala, Nairobi), die Seifen- und Öleindustrie (Nairobi, Kisumu, Tororo, Kampala) und die relativ unbedeutende papiererzeugende und -verarbeitende Industrie (Nairobi, Thika).

4.2.2.2.3 Non-agricultural processing and fabricating industries *und* service-industries

Beide Gruppen sind sich insofern ähnlich, als ihre Standorte noch weit mehr als bei den bisher besprochenen zu städtischer Orientierung neigen. Auch ist es für verschiedene Branchen typisch, daß ihre Betriebe sowohl produzieren als auch Dienstleistungscharakter (Reparaturarbeiten) besitzen und damit eine eindeutige Zuordnung zu einer der beiden Gruppen nicht immer möglich ist.

Lediglich Branchen mit ausgesprochener Bindung an örtliche Rohstoffvorkommen sind z. T. noch ländlich (Ziegeleien), vielfach aber auch, je nach der Lage der Rohstoffvorkommen, in Städten oder Stadtnähe zu finden (z. B. Zementindustrie in Athi River, Düngemittelindustrie in Tororo). Standorte in ländlichen Zentren hat ferner noch die Kraftfahrzeug-Reparatur, jedoch bleiben diese aufgrund von Betriebsgrößen mit meist weniger als 5 Beschäftigten ohne Signifikanz.

Alle anderen herstellenden Industrien ohne örtliche Rohstoffbindung, z. T. sind sie technisch hochstehend, meist absatzorientiert, oft importabhängig und damit auf eine entsprechende Verkehrsanbindung angewiesen, beschränken sich naturgemäß auf städtische, bevorzugt großstädtische Standorte. Beispiele sind die Metallwarenindustrie, insbesondere der Maschinenbau (Nairobi, Kampala, Jinja, Kisumu), etwa in Gestalt der Kraftfahrzeugindustrie (Montage), die sich fast ausschließlich auf Nairobi konzentriert, oder die Gummiwarenindustrie (v. a. Herstellung und Erneuerung von Reifen) in Jinja und Nairobi.

Reine Serviceindustrien bleiben schon wegen ihrer ausgesprochenen Marktorientierung auf Städte begrenzt, so z. B. das Druckerei- und Vervielfältigungsgewerbe mit den hauptstädtischen oder hauptstadtnahen Standorten Nairobi, Kampala und Entebbe. Industrien mit sehr speziellen Lokalisationsfaktoren sind die Grundstoffmetallurgie auf Elektrizitätsbasis (Jinja), Werften (Kisumu) und Eisenbahnausbesserungswerke (Nairobi und weitere kleinere Betriebsstätten entlang der gesamten Ugandabahn).

4.3 Energieversorgung

Bedeutung für die Energieversorgung Ugandas und des mittleren und westlichen Teiles von Kenya haben besonders vier Stromerzeugungsanlagen. Sie beruhen alle auf der Nutzung der Wasserkraft.

Dominierender Standort ist das Kraftwerk an den Owen Fällen des Nils bei Jinja. Zu Beginn der 50er Jahre erbaut und auf eine Kapazität von 120 MW (mittlerweile 150 MW) ausgelegt, wurde es zur weitaus größten derartigen Anlage in Ostafrika überhaupt. Sein Versorgungsbereich in Uganda umfaßt insbesondere die beiden Zentren des Großverbrauches, nämlich Jinja selbst und Kampala, und reicht (über den Kartenrand hinaus) bis Fort Portal bzw. Kilembe ins Hinterland. Ferner liefert es jährlich ca. 300 Mio. kWh Strom für den Export nach Kenya (1976 im Rahmen des Konfliktes zwischen beiden Staaten ausgesetzt).

Auf der kenyanischen Seite befinden sich im Bereich des Tanaflusses drei vergleichsweise kleine Anlagen: Wanjii und Tana mit zusammen 23 MW sowie Kindaruma (Seven Forks) mit 40 MW. Sie versorgen, ergänzt durch die Importe aus Uganda, in erster Linie Nairobi, auf das alleine etwa zwei Drittel des gesamten kenyanischen Energiebedarfs entfallen, und die westlichen Landesteile. Weitere Anlagen am oberen Tana sind geplant oder bereits im Bau. (Der Küstenraum Kenyas wird im wesentlichen von einem ölgefeuerten 40-MW-Dampfkraftwerk nahe Mombasa versorgt. Eine Verbindung zwischen beiden Systemen ist mittlerweile erfolgt).

Basis der überregionalen Elektrizitätsversorgung bildet ein 132- und 66-kV-Hochspannungssystem, das zwischen den größeren Erzeugungsanlagen und den Zentren des Verbrauchs linienhaft ausgeprägt ist und erst auf geringem Niveau (ab 33 kV) eine gewisse Flächenwirksamkeit erreicht. Zum Teil in dieses System eingeordnet sind sowohl in Uganda als auch in Kenya kleinere Elektrizitätswerke, deren Aufgabe aber primär in der örtlichen und regionalen Versorgung besteht und die als meist wasserkraftunabhängige Anlagen ihre Standorte in der Regel direkt in den mittleren und kleineren Städten haben. Gelegentlich ergänzen dabei auch privat betriebene, in der Karte nicht erfaßte Kleinkraftwerke (z. B. Embu, Kiambu, Miwani, Muhoroni) das öffentliche Angebot. In ländlichen Bereichen, die ohne Anbindung an ein Netz sind, erfolgt die Elektrizitätsversorgung zumeist mit Hilfe kleiner, nur lokal wirksamer Dieselgeneratoren.

4.4 Fremdenverkehr

Als fremdenverkehrsbezogenen Inhalt gibt die Karte die Hotelbettenkapazität wieder. Infolge des dabei gesetzten Erfassungsschwellenwertes von mindestens 100 Betten je Standort treten neben den hauptstädtischen Fremdenverkehrszentren Nairobi (rd. 3 000 Betten) und Kampala (rd. 1 000 Betten) nur einige wenige weitere Städte mit viel geringerer Bedeutung, wie Nakuru, Nanyuki, Jinja, Entebbe, Kisumu und Nyeri, hervor.

Den tatsächlichen Gegebenheiten wird dadurch nur bedingt Rechnung getragen. Einerseits besteht ein gewisses Bettenangebot in fast allen Orten von einiger zentraler Bedeutung, andererseits liegen wesentliche Schwerpunkte des Fremdenverkehrs im engeren Sinne, d. h. des Auslandstourismus, in oft entlegenen, stadtfernen Gebieten, wo den Fremden (überwiegend Nordamerikaner, Briten und Deutsche) in eigens geschaffenen Nationalparks und Wildreservaten Gelegenheit für Besichtigungstouren, Fotosafaris u. ä. geboten wird. An diesen Plätzen, sie sind in der Regel auch mit kleineren Landebahnen ausgestattet, bestehen zumeist ebenfalls Übernachtungsmöglichkeiten in „game lodges", z. T. auch in Campingarealen, deren Kapazität jedoch den genannten Schwellenwert nicht erreicht. So liegen im kenyanischen Teilbereich der Karte die Nationalparks Mount Kenya (764 km²), Aberdare (707 km²) nordöstlich von Naivasha, Nairobi (117 km²) unmittelbar im Süden der Hauptstadt, Mount Elgon (108 km²) an der Ostflanke des Elgonberges, Lake Nakuru (57 km²) und Ol Doinyo Sapuk (18 km²) östlich von Thika. Hinzu kommen größere Wildreservate wie Masai Mara (1 671 km²) im Grenzgebiet zu Tanzania, Kitengela (582 km²) als südliche Fortsetzung des Nairobi Nationalparks und Olambwe Valley (119 km²) bei Homa Bay sowie kleinere wie Samburu und Buffalo Springs nördlich von Isiolo. Von Tanzanias berühmten Touristenattraktionen fällt nur ein Teil des Serengeti Nationalparks in den Bereich der Karte, ferner das kleine Lamai Wedge Wildreservat nördlich des Maraflusses.

Ugandas Nationalparks und Wildreservate liegen im NE und W des Landes und berühren den Darstellungsraum nicht. Ein ausgedehntes Tierschutzgebiet nördlich des Mount Elgon und kleinere bei Entebbe, Jinja und südlich von Tororo sind für den Tourismus ohne nennenswerte Bedeutung.

Für den kenyanischen Teil der Karte ist davon auszugehen, daß der dargestellten Kapazität von ca. 3 600 Betten zum Erfassungszeitpunkt eine tatsächliche von ca. 4 400 — 4 500 gegenüberstand. Sie dürfte bis 1974 auf rd. 6 000 Betten ausgeweitet worden sein. Die Zahl der Gästeübernachtungen in diesem Teilraum machte 1968 immerhin ca. 880 000 aus. Das sind knapp 60 % der Fremdenübernachtungen des Landes überhaupt. Dabei lag die Kapazitätsauslastung in Nairobi mit 60—70 % naturgemäß weit höher als in den übrigen Gebieten mit 30—40 %.

Die räumlichen und ökonomischen Folgeeffekte des Fremdenverkehrs durch Infrastrukturausbauten, Geldeinnahmen und Schaffung von Arbeitsplätzen sind durchaus beachtlich. So rechnete man 1968 im kenyanischen Durchschnitt pro Gast und Tag mit einem Devisenzufluß von 18 US-Dollar und pro 365 Gästeübernachtungen mit drei Arbeitsplätzen im Fremdenverkehrsgewerbe oder in verbundenen Wirtschaftszweigen (DEVELOPMENT PLAN 1970—1974, S. 428, 429). Letzteres bedeutet, daß allein im dargestellten Bereich über 7 000 Arbeitsplätze direkt oder indirekt auf dem Fremdenverkehr basieren, d. h. mehr als die meisten Industriebranchen ausmachen.

5   Schlußbemerkung

Zum Abschluß sei es gestattet, den engen Rahmen des Kartenblattes wieder zu verlassen und zu einer knappen politisch-ökonomischen Lagebestimmung nochmals zu den drei Staaten insgesamt zurückzukehren.

In den frühen sechziger Jahren in die Unabhängigkeit entlassen, befinden sie sich alle mehr oder weniger noch in einer Phase des Umbruchs, der politischen Selbstfindung und auf der Suche nach Wegen zur wirtschaftlichen Weiterentwicklung. Kenya entschied sich für eine im Grundsatz marktwirtschaftliche Orientierung. Während der Unabhängigkeitsbewegung das progressivste, ist es heute das konservativste aller drei Länder. Bei weitgehend liberaler Wirtschaftsordnung, Förderung der Privatinitiative und einer, trotz Nationalisierungsbestrebungen, nicht generell negativen Einstellung gegenüber ausländischen Investoren, kann es beim höchsten Entwicklungsniveau gleichzeitig das kräftigste wirtschaftliche Wachstum verzeichnen. Auf der anderen Seite muß es aber auch mit den größten sozialen Diskrepanzen innerhalb seiner Bevölkerungsschichten und einem gravierenden Stadt-Land-Gefälle fertig werden. Politisch nach außen hin scheinbar gefestigt, sind seine inneren Strukturen bei weitem noch nicht ausgereift. Interessenkonflikte, weniger ideologischer als stämmischer Natur, stehen einander gegenüber und bedeuten eine latente Gefahr für die längerfristige wirtschaftliche Situation. Tanzania dagegen, politisch wohl stabiler, aber ökonomisch von weit geringerer Bedeutung, sucht seine Entwicklungschancen auf einem Wege des Sozialismus. Von vornherein von einem geringeren wirtschaftlichen Niveau ausgehend, spielt hier das dirigistische Geschick die entscheidende Rolle. Große Teile der Landwirtschaft und des Handels, die wichtigsten Industrien und das gesamte Bankwesen wurden verstaatlicht. In Verfolgung dieser Ideologie wurde bewußt der Verzicht auf ausländisches Kapital aus öffentlicher Entwicklungshilfe oder privaten Investitionen in Kauf genommen. Vor diesem Hintergrund, der nicht die Anerkennung aller Bevölkerungsschichten findet, aber beachtenswerte initiatorische und organisatorische Leistungen des Staates bewiesen hat, scheint sich seit mehreren Jahren eine durchaus positive Wirtschaftsentwicklung zu vollziehen, wenn auch allmählicher als in Kenya und mit Rückschlägen belastet. Uganda ist bislang ohne eine erkennbare festumrissene wirtschaftspolitische Doktrin. Einst aufgrund klimatischer Gunst und des Fleißes seiner Bewohner der am weitesten entwickelte Teilraum Ostafrikas hat es viel von seiner Leistungsfähigkeit eingebüßt. Ähnlich wie in Kenya müssen auch hier traditionelle innere Stabilitätsrisiken aufgrund religiöser und stämmischer Zwistigkeiten erst noch überwunden werden. Schwerwiegendste Störungen im Entwicklungsablauf brachte jedoch vor allem die unüberlegte Heftigkeit mit der gegen tragende Säulen der Wirtschaft, insbesondere die asiatischen Minderheiten und das europäische Kapital, aber auch gegen die eigene intellektuelle Oberschicht vorgegangen wurde. Insgesamt ergibt sich aus der bestehenden Willkürherrschaft eine sowohl nach innen als auch nach außen unsichere gesamtpolitische Lage, die die ökonomisch aktiven Kräfte beeinträchtigt und die Wirtschaft stagnieren, z. T. sogar schrumpfen läßt.

Ein Bündel wichtiger entwicklungspolitischer Gemeinsamkeiten aller drei Länder, einheitliche Währung, Zollunion, integrierte und unter einheitlicher Verwaltung stehende Kommunikationssysteme, das die Briten hinterließen, schien zunächst, schon nach wenigen Jahren der Unabhängigkeit, in einer Ostafrikanischen Wirtschaftsgemeinschaft (1967) seine Vollendung zu finden. Die Chancen einer effektiveren Ressourcennutzung und stimulierenden Vergrößerung des Marktes, die sich daraus hätten ergeben können, wurden jedoch vertan. Die wirtschaftlichen Diskrepanzen, insbesondere die ökonomische Vorrangstellung Kenyas, erwiesen sich als zu groß, um nicht nationalstaatliche Interessen aufkommen zu lassen, die schließlich in den sogar konträren Wirtschaftsdoktrinen mündeten. Die Ostafrikanische Gemeinschaft besteht heute nur noch auf dem Papier. Währungsunion, zollfreier Warenverkehr und Freizügigkeit wurden aufgehoben. Statt aus bestehenden Gemeinsamkeiten Nutzen und Entwicklungsimpulse zu ziehen, wurden Gegensätze verstärkt und sogar Feindschaften geschaffen, die bis zu gegenseitigem Boykott, ja fast bis zu kriegerischen Auseinandersetzungen führten.

Literatur

AFRIKA-KARTENWERK. Herausgegeben im Auftrage der Deutschen Forschungsgemeinschaft von U. FREITAG, K. KAYSER, W. MANSHARD, H. MENSCHING, L. SCHÄTZL, J. H. SCHULTZE.
    Serie N: Nordafrika (Tunesien, Algerien). 32°—37° 30' N, 6°—12° E.
        Blatt 12: Wirtschaftsgeographie. Autor: ARNOLD, A. Berlin · Stuttgart. 1976.
    Serie W: Westafrika (Nigeria, Kamerun). 4°—8° N, 3° 15'—9° 30' E.
        Blatt 12: Wirtschaftsgeographie. Autor: SCHÄTZL, L. Berlin · Stuttgart. 1976.
        Beiheft 12: Wirtschaftsgeographie. Autor: SCHÄTZL, L. Berlin · Stuttgart. 1979.
    Serie E: Ostafrika (Kenya, Uganda, Tanzania). 2° N—2° S, 32°—38° E.
        Blatt 7: Vegetationsgeographie. Autor: BADER, F. J. W. Berlin · Stuttgart. 1976.
        Blatt 11: Agrargeographie. Autor: HECKLAU, H. Berlin · Stuttgart. 1976
        Blatt 12: Wirtschaftsgeographie. Autoren: RUPPERT, R.; & WEIGT, E. Berlin · Stuttgart. 1976.
        Blatt 1: Topographie. Autoren: BADER, F. J. W.; & HECKLAU, H. Berlin · Stuttgart. 1977.
        Blatt 5: Klimageographie. Autor: JÄTZOLD, R. Berlin · Stuttgart. 1977.
        Beiheft 11: Agrargeographie. Autor: HECKLAU, H. Berlin · Stuttgart. 1978.
        Beiheft 7: Vegetationsgeographie. Autor: BADER, F. J. W. Berlin · Stuttgart. 1979.
    Serie S: Südafrika (Moçambique, Swaziland, Republik Südafrika). 23° 10'—26° 52' S, 29° 50'—35° 40' E.
        Blatt 12: Wirtschaftsgeographie. Autoren: CECH, D.; MATZNETTER, J.; et al. (in Vorbereitung).

ALLEN, C.; & KING, K. J. (Hrsg.) 1972: Developmental trends in Kenya. Edinburgh.

AMANN, H. 1969: Energy supply and economic development in East Africa. Afrika-Studien Nr. 37. Ifo-Institut für Wirtschaftsforschung München. München.

ARNOLD, A. 1976: s. AFRIKA-KARTENWERK, Serie N, Blatt 12.

BADER, F. J. W. 1976: s. AFRIKA-KARTENWERK, Serie E, Blatt 7.
— 1979: s. AFRIKA-KARTENWERK, Serie E, Beiheft 7.
BADER, F. J. W.; & HECKLAU, H. 1977: s. AFRIKA-KARTENWERK, Serie E, Blatt 1.

CECH, D.; MATZNETTER, J.; et al.: s. AFRIKA-KARTENWERK, Serie S, Blatt 12.

CHERNIAVSKY, M. 1965: Development prospects in East Africa: Kenya, Tanzania and Uganda. Bergen.

CLARK, P. C. 1965: Development planning in East Africa. Nairobi.

DAHL, H. E.; & FAALAND, J. 1967 a: The economy of Kenya. Bergen.
— 1967 b: The economy of Tanzania. Bergen.
— 1967 c: The economy of Uganda. Bergen.

DEVELOPMENT PLAN 1970—1974: Government of the Republic of Kenya. Development Plan 1970—1974. Nairobi 1969.
— 1974—1978: Government of the Republic of Kenya. Vol. I, II. Nairobi 1974.

HECKLAU, H. 1976: s. AFRIKA-KARTENWERK, Serie E, Blatt 11.
— 1978: s. AFRIKA-KARTENWERK, Serie E, Beiheft 11.

JÄTZOLD, R. 1977: s. AFRIKA-KARTENWERK, Serie E, Blatt 5.

KENYA-HANDBOOK 1973: Kenya. An official handbook. Government of the Republic of Kenya. Nairobi.

KILLICK, T. 1976: The economies of East Africa. Boston, Mass.

LÄNDERKURZBERICHTE KENIA 1974: Statistisches Bundesamt Wiesbaden. Länderkurzberichte Kenia 1974. Allgemeine Statistik des Auslandes. Stuttgart u. Mainz.
— 1975: Statistisches Bundesamt Wiesbaden. Länderkurzberichte Kenia 1975. Allgemeine Statistik des Auslandes. Stuttgart u. Mainz.

LÄNDERKURZBERICHTE UGANDA 1971: Statistisches Bundesamt Wiesbaden. Länderkurzberichte Uganda 1971. Allgemeine Statistik des Auslandes. Stuttgart u. Mainz.
— 1976: Statistisches Bundesamt Wiesbaden. Länderkurzberichte Uganda 1976. Allgemeine Statistik des Auslandes. Stuttgart u. Mainz.
LÄNDERKURZBERICHTE TANSANIA 1971: Statistisches Bundesamt Wiesbaden. Länderkurzberichte Tansania 1971. Allgemeine Statistik des Auslandes. Stuttgart u. Mainz.
— 1974: Statistisches Bundesamt Wiesbaden. Länderkurzberichte Tansania 1974. Allgemeine Statistik des Auslandes. Stuttgart u. Mainz.
— 1976: Statistisches Bundesamt Wiesbaden. Länderkurzberichte Tansania 1976. Allgemeine Statistik des Auslandes. Stuttgart u. Mainz.

MÖLLER, T. 1971: Bergbau und regionale Entwicklung in Ostafrika. Afrika Studien Nr. 67. Ifo-Institut für Wirtschaftsforschung München. München.
MORGAN, W. T. W. (Hrsg.) 1969: East Africa: its peoples and resources. Nairobi.

O'CONNOR, A. M. 1966: An economic geography of East Africa. London.
OGENDO, R. B. 1972: Industrial geography of Kenya. Nairobi.
OJANY, F.; & OGENDO, R. B. 1973: Kenya: A study in physical and human geography. Nairobi.
OLOYA, J. J. 1968: Some aspects of economic development with special reference to East Africa. Nairobi.
OMINDE, S. H. (Hrsg.) 1971: Studies in East African geography and development. London.

PEARSON, D. S. 1969: Industrial development in East Africa. Nairobi.

ROBSON, P.; & LURY, D. A. 1969: The economies of East Africa. London.
RUPPERT, R.; & WEIGT, E. 1976: s. AFRIKA-KARTENWERK, Serie E, Blatt 12.
RWEYEMAMU, J. F. 1973: Underdevelopment and industrialisation in Tanzania. Nairobi.

SCHÄTZL, L. 1976: s. AFRIKA-KARTENWERK, Serie W, Blatt 12.
— 1979: s. AFRIKA-KARTENWERK, Serie W, Beiheft 12.
STATISTICAL PAPERS 1968: International Standard Industrial Classification of all Economic Activities. Department of Economic and Social Affairs. Statistical Office of the United Nations. Statistical Papers, Series M, No. 4, Rev. 2. New York.
STOUTJESDIJK, A. J. 1967: Uganda's manufacturing sector. A contribution to the analysis of industrialisation in East Africa. East African Studies No. 28. Kampala.

WEIGT, E. 1973: Industriegeographie von Kenya. In: Zeitschrift für Wirtschaftsgeographie, Hagen. 17 (1973), S. 133—139.

ZAJADACS, P. (Hrsg.) 1970: Studies in production and trade in East Africa. Afrika Studien Nr. 51. Ifo-Institut für Wirtschaftsforschung München. München.

Summary

This contribution is intended principally as a supplement to Map E 12 of the AFRIKA-KAR-
TENWERK of the German Research Society. After a general synopsis (*Chapter 1*), some
information is given (*Chapter 2*) about the Map in general, the Map Section and its content
as well as about the acquisition, date and quality of the data used. An attempt is then made
(*Chapter 3*) to show characteristics of the non-agrarian economies of Kenya, Uganda and
Tanzania. The information presented in the various sections of *Chapter 4* is limited to the
area represented in the Map. The purpose is to facilitate interpretation and also to include
developments which have since occurred. The conclusion (*Chapter 5*) contains a short
political-economic localisation of the three countries.

This summary contains, in abridged form, only those sections (*Chapter 4*) directly
related to the Map: mining, manufacturing industry, power supply and tourism in the area
represented in Map E 12 of the AFRIKA-KARTENWERK.

1   Mining

At the time of research, gold (partly associated with silver), soda, salt, phosphate, carbon
dioxide, lime(stone) and diatomite were extracted in the area of investigation represented
in the Map. A total of 9 locations with approximately 2,500 jobs could be established.
Plants with fewer than 10 employees were discounted. 3 principal locations were eminent:
Macalder Mine (gold with silver) with about 800 employees, Buhemba (gold) and Magadi
(soda and salt), each with about 400 employees. In the meantime, the mining of fluor-spar
in the Kerio Valley east of Eldoret has been responsible for the development of another
principal location; here annual production is 120,000 tons, designed mainly for export
(Japan and Soviet Union). On the whole, however, mining has been declining. The Buhemba Mine with the only larger deposit of gold left in Tanzania had to stop production
in 1970 because the supply was exhausted. In addition the Macalder Mine, which was in
the past of even greater significance because of copper deposits, has in the meantime been
closed. The situation is very different, however, for soda mining on Lake Magadi. Here
there seems no fear that the supply will run out, even in the long term. The significance for
regional employment, however, has been greatly reduced because of rationalisation (1957:
1,220 employees, 1969: 290; 80—90 % Africans in each case). Another factor is the vola-
tile fluctuation in demand occasioned by the structure of export dependency (production
in 1959: 150,000 tons, in 1964: 80,000 tons, in 1973: 206,000 tons).

Because of the lack of a corresponding agglomeration effect on the population and
capital, industrialisation effects due to mining are non-existent, at least in rural areas.
Only in urban areas like Jinja, Nairobi, Athi River or Tororo are the first signs apparent.
Even indirect effects as a result of infrastructural developments are only of limited importance.

2   The Manufacturing Industries

The spatial-industrial development can be traced back basically to two types of process.
One stimulant is produced as a result of the forward-development of the agrarian sector.

This development entails the modest or mostly simple processing of agricultural raw materials. Only when high technical levels or a high degree of market orientation are involved, are the locations concentrated on urban settlements. Otherwise they are subject, at least in the agriculturally favourable areas near the central WE-axis, to a wider spatial distribution effect, since the capital expenditure in small business units and without considerable use of mechanical aids is small, and maximum infrastructural development as well as the availability of qualified employees is not necessary. The income effects produced are however insufficient to lead to complementary industrialisation. The second type of industrial development is due to the growth in demand caused by the general improvement in living standards and technical level. The locations are determined predominantly by the size and purchasing power of the market. With increasing inter-economic integration and diversification, the external economies are also significant. The resultant effect is that this industrial development, partly devoid of any agrarian ties, is restricted to the towns of the WE-axis, which are simultaneously locations of trade and other services where there is a certain accumulation of capital. Self-enhancing mechanisms come into force, even if only gradually and most readily in the cities of Nairobi, Kampala and Jinja. These mechanisms are released by the creation of new demand due to income effects, and thus by the inducement of new industry.

The varying dynamics of both processes may account for the ever-growing disparity between urban and rural areas, a disparity determined by the importance, degree of diversification and technical level of industry.

The framework of the spatial distribution of industry is formed by the WE traffic axes of the Uganda railway with its branch lines and also by the roads which usually run parallel to these lines. They facilitate the necessary intra-regional development and supra-regional connection to the coast in the direction of Mombasa. Clearly the predominant location along the central directrix is Nairobi. Its centrality as a capital city and its market size have contributed to the accumulation of average-sized locations in close proximity. The opposite pole in the west is Kampala, whose industrial development is less pronounced mainly because of competition from the neighbouring energy-based location of Jinja. All three cities are of a complex branch structure and represent the industrial focal points. Between them are medium-sized centres with lower branch differentiation; these are ranged along the connecting railway line and its branches. Railway junctions and termini figure prominently as locations. Their distribution is however so wide that overall only a fragmentary axial spatial structure emerges, a linear character resulting only in exceptional cases. Outside this system, small locations completely one-sided in structure are mostly scattered in great number in the rural areas. This has the effect that the areas of distribution, grouped according to dominant branches specific to certain regions, are geared to the favourable areas of primary economy and in principle hardly extend beyond the framework marked by the larger settlement sites.

A total of 201 industrial locations were recorded. Quantitative analysis of the size spread confirms the clear predominance of small units. 146 (=73 %) of all locations contain fewer than 100 employees and thereby comprise only 11 % of the total number of industrial jobs. A further 35 (= 17 %) with 9 % of the jobs are below the 500-employee limit. This means that only 10 % of all industrial locations exceed this threshold value, while 81 % of all employees are concentrated there. The three dominant large locations of Nairobi, Jinja/Njeru and Kampala together account for 53 % of industrial jobs, while locations with 3,000—8,000 employees are non-existent. On the basis of the main industrial groups (I.S.I.C.)[6] — basic and luxury foodstuffs (31), textiles and clothing (321, 322), leather and shoes (323, 324), wood and furniture (33), paper and printing (34), chemicals and rubber (35), ceramics, glass, cement (36), metal goods and machinery construction (38) as well as other manufacturing industries (39) — 142 (= 71 %) of all the locations can be categorised as purely monostructured and 28 (= 14 %) as bistructured. Only 8 locations (= 4 %) have developed 6 or more branches.

Figure 1 shows the distribution of sizes, the extent of the branch diversification of the locations and the relation between these two criteria. According to this, the locations with fewer than 100 employees are almost exclusively monostructured and those with fewer than 200 employees largely monostructured. Full branch development is only achieved in locations with about 2,000 employees and more. Three types of location deviate from the normal correlation between number employed and branch distribution. The first group is composed of units which despite a low number of employees show considerable branch diversification. These units represent small, peripherally-situated towns which in the rural areas serve central-place functions at province (Nyeri) or district (Soroti, Kitale) level. Contrasting with these units are locations of considerable size which either lack or have only low branch diversification. In this category there are on the one hand purely monostructured centres of sugar-cane processing, organised in large plants (Muhoroni, Miwani, Chemelil). On the other hand there are locations largely dominated by one branch, also sugar processing, but which have developed smaller supplementary industries alongside (Lugazi, Kakira), and there are those locations (Athi River, Limuru, Ruiru) which are situated in the immediate vicinity and catchment area of the dominant industrial centre of Nairobi.

On the basis of a refined sub-classification (compared with that in the Map), characteristics of branch localisation are referred to in the following section:

Agricultural food-processing industries: a uniform spatial distribution pattern of these industrial groups cannot be established. Depending on raw material orientation, consumption orientation and technical level, the locations are either predominantly urban or predominantly rural, with various intermediate grades. They diverge, often according to the distribution of the agricultural raw material, from regionally limited localisation to distribution over a wide area.

The following industries, in particular, have an almost exclusive urban orientation — canned food, chocolate and sugar confectionery. The canned food industry comprises fruit and vegetable canning and the production of soft drinks. Locations, composed mainly of large-scale plants, are in the vicinity of the market i. e. in almost all larger towns, the highest concentration being in Nairobi, Kampala and Thika. The chocolate and sugar confectionery industry is one of the generally less significant branches; it involves mainly small businesses and is limited to Nairobi, Thika, Kisumu and Lugazi. The bakery industry

---

[6] International Standard Industrial Classification of all Economic Activities (see STATISTICAL PAPERS, 1968).

is also predominantly urban-based but is more widely dispersed. The grain milling, brewing and meat-processing industries belong to the category of industries whose location is partly rurally orientated in raw materials and partly urban or near-urban orientated in consumption. The grain-milling industry involving mainly maize processing is widely distributed in the areas of grain cultivation and has locations with large-scale plants in Nairobi, Jinja, Eldoret and Nakuru. Breweries and distilleries are mainly sited in rural locations not far from towns e. g. around Nairobi and Kampala, and in smaller towns like Port Bell, Nakuru, Eldoret, Kitale and Nanyuki. More or less similar conditions, but with more limited distribution, apply in the case of the meat-processing industry, with centres in Kampala, Athi River and Uplands. In the dairy industry the unsuitability of the raw material to long transport necessitates mainly rural orientation with wide dispersion of small-scale plants. Finally, sugar, tea and coffee processing have a predominantly to almost exclusively rural orientation. Sugar-cane processing develops only a few but considerably large locations like Chemelil, Miwani, Muhuroni, Lugazi and Kakira; these are situated in the midst of the production areas because of the weight loss through processing. Tea and coffee processing, on the other hand, produce a broad location spread. Tea processing is conducted mainly in the area around Kericho, and coffee processing, mainly in the high areas east of the Rift Valley or around Mount Elgon, but also in the southern Mengo. Especially in coffee processing and partly in tea processing, small and very small business sizes dominate, with the result that the spatial distribution is not expressed appropriately in the Map (the same is true of dairies).

Agricultural non-food processing and fabricating industries: also within this group, widely varying location patterns are found. The importance of urban localisation is however on the increase.

Only fibre production and saw mills can be described as having a marked rural orientation in raw materials. Both belong to the highest-employing industries in East Africa. Fibre production consists mainly of the processing of sisal, but also of cotton, flax and capoc etc. The area of distribution of the generally small-scale plants extends, according to the position of the cultivation areas, in a broad belt through the Kenyan Highlands into southeast Uganda, the only place where it is represented in the Map. The wood-processing industry is distributed near some urban locations (Nairobi, Eldoret, Kitale) in small plants especially in the rural wooded areas of the Rift Valley Province. Both rural and urban in orientation are tanning and the fabrication of leather goods (other than footwear), tobacco processing and the pyrethrum industry. The location of lower processing levels e. g. the simple preparing of skins and hides or the early stages of treatment of tobacco leaves, is heavily dependent on the source of raw materials. Higher mechanised levels of processing are located predominantly in the towns. Accordingly centres of the tanning or leather goods industry are Nairobi, Kampala, Thika and Nakuru, centres of the tobacco processing industry, Nairobi and Jinja, and of the pyrethrum industry Nairobi and Nakuru. In all other branches of industry in this group there is a preponderance of urban locations, or locations in the vicinity of towns, mostly because of market orientation. Smaller, usually non-mechanised plants in the rural centres are not of great importance, at least as measured by the employment indicator, and were therefore not recorded. Included in the urban-based branches, in order of importance, are the furniture industry (concentrated

mainly in Nairobi, Jinja, Kampala and Kisumu), textile manufacture and the clothing industry (Jinja, Kampala, Nairobi, Thika), the shoe industry (Limuru, Kampala, Nairobi), the soap and edible oil industries (Nairobi, Kisumu, Tororo, Kampala) and the relatively insignificant paper-producing and processing industry (Nairobi, Thika).

Non-agricultural processing and fabricating industries *and* service industries: both groups are similar in that their locations tend far more towards urban orientation than those of the above-mentioned industries. It is also typical of some branches that, besides producing, they also have a service function (repairs) and that therefore clear-cut categorisation into one or other of the two groups is not always possible.

Only branches that are clearly bound to local sources of raw materials are still partly rural (brickworks). Many of these branches, however, can be found in or near towns according to where the raw materials are situated (e. g. cement industry in Athi River, the fertiliser industry in Tororo). Although motor vehicle repairs are responsible for locations in rural centres, these locations are insignificant because of business sizes of mostly fewer than 5 employees. All other producing industries that are not locally bound by raw materials — i. e. industries partly of a high technical level, mostly market-orientated, often import-based and therefore dependent on the appropriate traffic connection — are naturally limited to urban, and preferably metropolitan locations. Examples are metal industries especially engine building (Nairobi, Kampala, Jinja, Kisumu), in the form of the motor vehicle industry (assembly) which is concentrated almost exclusively in Nairobi, or the rubber product industry (mainly tyre fabrication and retreading) in Jinja and Nairobi. Pure service industries are restricted to cities because of their strong market orientation; thus, for example, printing and duplicating businesses with locations in the major cities of Nairobi, Kampala and Entebbe. Industries with very special location factors are electro-metallurgy (Jinja), shipyards (Kisumu) and railway repair shops (Nairobi and further smaller places along the length of the Uganda railway).

3   Energy Supply

Four power-generating plants are of special significance for the supply of energy to Uganda and to the middle and western parts of Kenya. They are all based on the use of hydro-electric power.

The most important location is the power station at the Owen Falls of the Nile at Jinja. Built in the early 50's and with an installed capacity of 120 MW (in the meantime 150 MW), this power station has become by far the largest of its kind in East Africa. The area it supplies in Uganda comprises principally the two centres with a high consumption level, namely Jinja and Kampala, and extends (beyond the edge of the Map) to Fort Portal and Kilembe, in the hinterland. In addition it supplies annually ca. 300 mill. kWh electricity for export to Kenya (in 1976 this supply was suspended as a result of the conflict between the two states). On the Kenyan side there are three relatively small stations in the River Tana area: Wanjii and Tana with a total of 23 MW and Kindaruma (Seven Forks) with 40 MW. Supplemented by the imports from Uganda, these power stations supply mainly to Nairobi, which accounts for about two-thirds of the total Kenyan requirement, and also to the western parts of the country. Further plants on the upper Tana are planned or already under construction. The coastal area of Kenya is supplied principally by a 40-MW oil-based power station near Mombasa. In the meantime both systems have been connected up.

A 132- and 66-kV high-voltage system forms the basis of the supra-regional electricity supply. This system is directly aligned between the larger production plants and the centres of consumption and is only at a low level (from 33 kV) effective over a wider area. Smaller electricity works in Uganda and Kenya are partly linked with this system. These smaller plants are primarily responsible for local and regional supply and as they are mostly independent of hydro-electric power, they usually have their locations directly in the medium-sized and smaller towns. Small, privately-operated power stations, not recorded in the Map, occasionally supplement the public supply. In rural areas which are not connected to a grid, small diesel generators usually provide the electricity.

4   Tourism

On the subject of tourism, the Map shows the hotel bed capacity. A threshold value based on the number of beds registered was fixed at a minimum of 100 per location. Apart from the tourist centres in the capitals, Nairobi and Kampala, only a few other less important towns like Nakuru, Nanyuki, Jinja, Entebbe, Kisumu and Nyeri come into this category. This however is not a completely true reflection of the situation. Firstly there is a certain amount of overnight accommodation available in almost all places with a measure of central importance, and secondly tourism in the narrower sense i. e. foreign tourism is frequently concentrated in remote areas, far away from the nearest town, where foreigners (mostly North Americans, Britons and Germans) have the opportunity to go on sight-seeing trips and photo-safaris etc. in the specially-created national parks and game reserves. In these places, which usually have small airfields, overnight accommodation is generally available in game lodges and partly in camping areas; the registered capacity is however below the above-quoted threshold value. In the Kenyan section of the Map there are six national parks (Mount Kenya, Aberdare, Nairobi, Mount Elgon, Lake Nakuru and Ol Doinyo Sapuk) with a total of 1,770 km², and a further five game reserves (Masai Mara, Kitengela, Olambwe Valley, Samburu and Buffalo Springs) with about 2,400 km². Only a part of Tanzania's famous tourist attraction, the Serengeti National Park, appears on the Map, as well as the little Lamai Wedge Game Reserve north of the River Mara. Uganda's national parks and game reserves are situated in the northeast and west of the country and are therefore not included in the Map. An extensive area of animal protection north of Mount Elgon and smaller areas near Entebbe, Jinja and south of Tororo are of little importance to tourism.

For the Kenyan part of the Map, one can assume that, as opposed to the represented capacity of about 3,600 beds at the time of recording, the capacity was in reality about 4,400 — 4,500 beds. This may well have increased to about 6,000 beds by 1974. The number of overnight stays in this areal sector amounted to about 880,000 in 1968. This represents almost 60 % of the total overnight stays in the country. The spatial and economic effects of tourism, as a result of infrastructural developments, revenue and the creation of jobs, are considerable. Thus, on the Kenyan average per guest and day, an influx of foreign currency of 18 US dollars can be expected; and per 365 overnight stays, three jobs are created in the tourist business or in the associated economic branches. This means that even in the area represented in the Map, over 7,000 jobs relate directly or indirectly to tourism i. e. more than the number in most industrial branches.

Résumé

Cette monographie est conçue en tant que texte annexe à la feuille E 12 de l'Afrika-Kartenwerk de l'Association Allemande de la Recherche Scientifique. Après un aperçu général (*chapitre 1*) elle fournit tout d'abord (*chapitre 2*) des indications se rapportant à la carte
en général, à la coupe de la feuille et à son contenu, de même qu'elle donne des informa-
tions sur la recherche des données, sur l'état et la valeur de celles qui ont été utilisées, puis
elle essaie (*chapitre 3*) de mettre en évidence les traits fondamentaux de l'économie non-
agricole des Etats du Kenya, de l'Ouganda et de la Tanzanie dans leur ensemble. Les parties qui suivent (*chapitre 4*) se limitent, dans leurs énoncés, à la région représentée sur la
feuille et essaient par une explication de leurs contenus d'en faciliter l'interprétation et
d'en esquisser les développements intervenus entre-temps. La remarque finale (*chapitre 5*)
porte sur une courte analyse de la situation politico-économique des trois pays dans leur
ensemble.

Ce résumé reproduit seulement les passages qui se réfèrent directement à la carte (*chapitre 4*), résumé rédigé, il est vrai, en partie dans une version fortement abrégée: Industries
extractives, Industries de transformation, Alimentation en énergie et Tourisme dans la
zone de la feuille E 12 de l'Afrika-Kartenwerk.

1   Industries extractives

Dans la zone d'étude décrite, on extrayait, au moment de l'enquête, de l'or (en partie as-
socié à l'argent), du carbonate de sodium, du sel, des phosphates, du gaz carbonique, du
calcaire et de la diatomite. En tout, 9 emplacements avec approximativement au total 2 500
places de travail ont pu être localisés. Des entreprises comptant moins de 10 salariés et celles qui peuvent plutôt être rattachées à l'industrie de la terre et des pierres, n'ont pas été
prises en considération.

Trois grands emplacements dominent: la mine de Macalder (de l'or avec de l'argent)
avec environ 800 salariés, Buhemba (or) et Magadi (carbonate de sodium et sel) avec cha-
cune un effectif approximatif de 400. Un autre grand emplacement est venu s'y ajouter
entre-temps: l'extraction de fluorine dans la vallée de Kerio à l'est d'Eldoret avec une production annuelle d'environ 120 000 tonnes qui est destinée principalement à l'exportation
(Japon, Union Soviétique). Cependant, prise dans son ensemble, l'industrie minière a
connu un processus de régression. La mine de Buhemba, le seul plus grand gisement d'or
de Tanzanie a dû arrêter, en 1970, sa production par épuisement du sol. La mine de Macalder, qui était encore plus importante autrefois, à cause du gisement de cuivre, a été fer-
mée. La situation de l'extraction du carbonate de sodium au bord du lac Magadi se pré-
sente autrement. Un épuisement n'est pas à craindre ici, même à long terme. L'importance
pour le marché du travail régional diminue pourtant fortement à cause de la rationalisation (1957: 1 220 salariés, 1969: 290, parmi lesquels 80 à 90 % d'Africains à chaque fois).
Il faut préciser en outre que la structure de dépendance de l'exportation conduit à de for-
tes fluctuations des demandes (Production 1959: 150 000 tonnes, 1964: 80 000 tonnes,
1973: 206 000 tonnes).

Les effets de l'industrialisation par l'industrie minière ne se font pas sentir, du moins dans la zone rurale, faute d'effet d'agglomération approprié sur la population et le capital. On en trouve des amorces seulement dans des zones urbaines comme Jinja, Nairobi, Athi River ou Tororo. Des effets indirects, dûs à la mise en valeur infrastructurelle, présentent également une importance limitée.

2   Industries de transformation

Le développement spatial industriel peut être attribué principalement à deux types de processus. Un stimulant en est le développement positif du secteur agricole. Il conduit à un traitement restreint ou à une transformation le plus souvent peu compliquée de matières premières agricoles. Leurs emplacements ne restent limités à des agglomérations urbaines que si un niveau technique élevé est atteint ou si l'orientation vers le marché est plus forte, sinon ils sont soumis, du moins dans les régions agricoles favorisées près de l'axe central O-E, à un effet de dispersion, puisque d'une part, la dépense en capitaux est peu considérable avec de petites unités d'exploitation et sans une importante mise en œuvre de moyens mécaniques, et d'autre part, un aménagement infrastructurel de haute valeur ainsi que la présence d'une main d'œuvre qualifiée ne sont pas nécessaires. Les effets sur les revenus ainsi obtenus ne suffisent pas pour autant pour entraîner une industrialisation complémentaire. Le deuxième type de développement industriel découle d'un accroissement de la demande dû à un progrès graduel du standard de vie et du niveau technique. Les emplacements sont déterminés principalement par la dimension et le pouvoir d'achat du marché. Dans l'intégration inter-économique et la diversification croissante, les avantages de contact généraux jouent un rôle. Il s'ensuit par là que ce développement industriel se fait, en partie, sans relation aucune avec l'agriculture, et uniquement dans les villes situées sur l'axe O-E qui sont en même temps les lieux d'implantation du trafic commercial et d'autres secteurs de prestation de service et où une certaine concentration de capitaux se produit. Des mécanismes d'auto-renforcement s'amorcent — bien que graduellement seulement et surtout dans les grandes villes de Nairobi, Kampala et Jinja — de manière que, par des incidences sur les revenus, une nouvelle demande est engendrée induisant par là une nouvelle industrie.

La dynamique différente des deux processus explique que la disparité entre ville et campagne, disparité conditionnée par la structure, s'accroît de plus en plus par suite de l'importance de l'industrie, de son degré de diversification et de son niveau technique.

L'ossature de la répartition géographique de l'industrie est constituée par l'axe de communication O-E de la voie ferrée «Ouganda», avec ses lignes secondaires, et par les routes généralement parallèles à cet axe. Ces voies permettent une mise en valeur interrégionale nécessaire et une liaison superrégionale vers la côte en direction de Mombasa. L'emplacement nettement dominant le long de la ligne directrice centrale est Nairobi. Sa centralité de métropole et son importance de marché ont contribué à la concentration des emplacements, de taille moyenne, dans sa proximité. Le pôle opposé, à l'Ouest, est Kampala dont le développement industriel est pourtant moins marqué en raison surtout de la concurrence de l'emplacement voisin de Jinja, favorisé par son potentiel énergétique. Les trois villes ont une structure complexe des branches d'activité et représentent les pôles d'intérêt industriel. Entre elles, le long de la voie ferrée de liaison et des voies secondaires de bifurcation, se trouvent des centres de taille moyenne avec une différenciation des branches moindre, et où dominent surtout, en tant que lieux d'emplacement, les nœuds ferroviaires et les terminus. La dispersion des emplacements est cependant si aérée que n'en ressort dans l'ensemble qu'une structure spatiale axiale fragmentaire, et qu'un caractère continu est atteint dans des cas exceptionnels seulement. En dehors de ce système, de petits emplacements, le plus souvent de structures totalement déséquilibrées, sont dispersés en grand nombre dans l'espace rural; groupées d'après la branche d'activité dominante dans la zone, les régions de répartition s'orientent suivant les implantations favorisées du secteur primaire et ne dépassent guère en principe le cadre fixé par les centres d'habitat plus grands.

Au total 201 emplacements industriels ont été recensés. Leur analyse quantitative confirme, par la dispersion des tailles des emplacements, la prédominance démesurée de petites unités. 146 (= 73 %) de tous les emplacements comptent un effectif au-dessous de 100 et ne représentent ainsi que 11 % de l'ensemble des places de travail de l'industrie. Autres, 35 (= 17 %), se trouvent, avec en tout 9 % des places de travail, au-dessous de la limite de l'effectif de 500, c. à d. que 10 % seulement de tous les emplacements industriels dépassent cette valeur seuil, mais regroupent 81 % de l'ensemble de l'effectif. A eux seuls, les trois grands centres dominants, Nairobi, Jinja/Njeru et Kampala, regroupent ensemble 54 % des places de travail tandis que des emplacements avec un effectif de 3 000 à 8 000 sont absents. En prenant pour base les grands groupes d'industrie représentés, c. à d.: denrées alimentaires et de luxe (I.S.I.C. 31)[7], textile et vêtements (321, 322), cuir et chaussures (323, 324), bois et meubles (33), papier et imprimerie (34), chimie et caoutchouc (35), céramique, verre, ciment (36), articles manufacturés en métal et construction mécanique (38) ainsi que d'autres industries de transformation (39), 142 (= 71 %) des emplacements doivent être classés comme ayant une pure monostructure et 28 (= 14 %) comme ayant une bi-structure. Seulement dans 8 emplacements (= 4 %) on trouve 6 branches d'activité et plus.

Fig. 1 montre la dispersion suivant la taille et la dimension de la diversification des branches d'activité des emplacements ainsi que le rapport entre ces deux critères. Dans les emplacements avec un effectif au-dessous de 100, prédomine une monostructure et ceux avec un effectif au-dessous de 200 présentent encore une notable monostructure. Un plein développement des branches d'activité n'est atteint que dans des centres avec un effectif de 2 000 et plus. Trois types d'emplacements s'écartent de la corrélation normale entre le nombre des effectifs et la dispersion des branches. Dans le premier groupe, il s'agit d'unités qui, malgré un petit effectif, atteignent une diversification considérable de branches d'activité. Ce sont de petites villes en position périphérique qui, dans les régions rurales, remplissent les fonctions de lieu central au niveau des provinces (Nyeri) ou des districts (Soroti, Kitale). Par opposition à ces dernières, on trouve des centres d'une taille appréciable mais sans ou bien avec seulement une petite diversification de branches d'activité. Font partie de ceux-là, d'une part, des centres avec une pure monostructure où la transforma-

---

[7] International Standard Industrial Classification of all Economic Activities (v. Statistical Papers 1968).

tion de la canne à sucre se fait dans de grandes entreprises (Muhoroni, Miwani, Chemelil), et d'autre part, des emplacements qui sont dominés largement par une branche d'activité c. à d. également par la transformation de la canne à sucre, mais où se sont développées en même temps de petites industries complémentaires (Lugazi, Kakira) et des emplacements qui se trouvent au seuil et dans la sphère d'influence immédiats du centre industriel dominant, Nairobi (Athi River, Limuru, Ruiru).

En partant d'une subdivision plus détaillée des branches d'activité par rapport à la représentation cartographique, des traits principaux de localisation spécifique des branches d'activité seront indiqués dans le paragraphe suivant:

Agricultural food processing industries: Il n'a pas été possible de déterminer un modèle uniforme de répartition spatiale de ces groupes d'industrie. Les lieux d'implantation sont, suivant l'orientation vers la matière première, vers la consommation ou le degré de mécanisation, en partie, des centres principalement urbains, en partie, des centres principalement ruraux, avec différents stades intermédiaires, et ils divergent souvent, selon la répartition de la base agricole, d'une localisation régionalement limitée à une large dispersion spatiale.

Sont orientées presque entièrement vers les centres urbains, les industries de conserves en particulier, de même que les industries chocolatières et de confiserie. A la première, on peut rattacher les usines de conserves de fruits et de légumes et de la production de soft drinks. Leurs emplacements, principalement de grandes entreprises, se trouvent près du marché de vente c. à d. dans presque toutes les grandes villes avec des centres de gravité à Nairobi, Kampala et Thika. L'industrie chocolatière et de confiserie appartient dans l'ensemble à des branches moins importantes, et est limitée, avec surtout une structure de petites entreprises, à Nairobi, Thika, Kisumu et Lugazi. L'industrie de la pâtisserie se trouve aussi et surtout dans les centres urbains bien qu'elle soit plus largement dispersée. Parmi les industries qui ont, soit en partie une orientation rurale vers les matières premières, soit une orientation vers les centres urbains de consommation ou à proximité d'une ville, il faut compter l'industrie de la minoterie, des brasseries et de la viande. L'industrie de la minoterie, dont l'activité principale est la transformation du maïs, est largement répartie dans les régions céréalières et trouve des lieux d'implantation à grande exploitation à Nairobi, Jinja, Eldoret et Nakuru. Des brasseries et des distilleries sont implantées dans des emplacements, le plus souvent ruraux, mais à proximité d'une ville telle que p. ex. autour de Nairobi et Kampala et dans de plus petits centres comme Port Bell, Nakuru, Eldoret, Kitale et Nanyuki. En principe, des conditions similaires se rencontrent, avec une diffusion moindre cependant en ce qui concerne l'industrie de la viande, dans les centres de Kampala, Athi River et Uplands. Dans l'industrie laitière, le degré de sensibilité, quant à la durée du transport de la matière première, conditionne une orientation rurale avec une vaste dispersion et une structure de petites entreprises. Le traitement de la canne à sucre, du thé et du café enfin, montre une orientation exclusivement rurale. Alors que la transformation de la canne à sucre a peu développé des emplacements assez grands tels que Chemelil, Miwani, Muhoroni, Lugazi et Kakira qu'on doit chercher au milieu de la région de production, par suite de la perte de poids lors de la transformation, le traitement du thé, en particulier dans la région de Kericho, et le traitement du café, surtout dans les zones plus élevées à l'Est de la Rift Valley ou autour du Mount Elgon, mais aussi dans le Mengo du Sud, atteignent une vaste dispersion. Surtout dans le traitement du café et en partie aussi dans celui du thé, de petites entreprises et d'autres encore plus petites prédominent de sorte que la dispersion géographique n'apparaît pas dans la carte d'une manière appropriée (ceci est également valable pour les laiteries).

Agricultural non-food processing and fabrication industries: A l'intérieur de ce groupe on trouve aussi de différents types d'emplacements. Le poids de la localisation urbaine augmente pourtant.

Seulement la production de fibres et les scieries montrent une forte orientation rurale ainsi que vers la matière première. Les deux font parties des industries occupant le plus de main d'œuvre en Afrique orientale en général. Dans la production de fibres il faut surtout compter le traitement du sisal, mais aussi celui du coton, du lin, du kapok et autres. Leur zone de diffusion s'étend, avec une structure de petites entreprises, suivant la situation des régions de production, sur un large ruban à travers les hauts plateaux du Kenya jusqu'à l'Ouganda du SE, mais elle n'est mise en relief que là dans la carte. Les industries du traitement du bois sont dispersées, outre en quelques emplacements urbains (Nairobi, Eldoret, Kitale), en de nombreuses petites entreprises surtout dans la zone boisée rurale de la province de la Rift Valley. Les industries de la tannerie, ou selon le cas, celles des cuirs (sans fabrication de chaussures), celles du tabac et du pyrèthre doivent être classées comme étant, en partie, orientées vers la ville et, en partie, vers la campagne. Les phases premières de la transformation, telles que la simple préparation des peaux et des fourrures ou le premier traitement des feuilles de tabac sont, dans leur localisation, étroitement orientées près du lieu de production de la matière première. Des stades de transformation hautement mécanisés prédominent dans les villes. Ainsi, Nairobi, Kampala, Thika et Nakuru sont les centres de l'industrie de la tannerie ou, selon le cas, ceux du cuir; les centres de l'industrie du tabac sont Nairobi et Jinja et ceux de l'industrie du pyrèthre, Nairobi et Nakuru. Dans toutes les autres branches industrielles de ce groupe, des emplacements urbains ou ceux à proximité d'une ville dominent nettement, le plus souvent en raison de l'orientation vers le marché de vente. De plus petites entreprises, généralement non mécanisées, dans des centres ruraux n'ont pas d'impact, du moins d'après l'indicateur des effectifs, et partant, n'ont pas été recensées. Parmi ces branches d'activité il faut compter, classées suivant leur importance, l'industrie du meuble (avec comme centres de gravité Nairobi, Jinja, Kampala et Kisumu), les industries du textile et des vêtements (Jinja, Kampala, Nairobi, Thika), l'industrie de la chaussure (Limuru, Kampala, Nairobi), l'industrie du savon et de l'huile (Nairobi, Kisumu, Tororo, Kampala) et l'industrie, relativement peu importante, du papier (Nairobi, Thika).

Non-agricultural processing and fabrication industries and service: Les deux groupes se ressemblent dans la mesure où leurs emplacements ont encore beaucoup plus tendance que ceux développés jusqu'ici, à une orientation urbaine. Aussi est-il typique pour quelques branches que leurs entreprises, tout en produisant des biens, ont en même temps le caractère d'une entreprise de prestation de service (travaux de réparation) et c'est ainsi qu'une classification évidente n'est pas toujours possible.

Seules des branches avec un lien étroit avec une présence locale de matière première sont en partie encore rurales (briqueteries); mais souvent aussi et suivant la situation des gisements de la matière première, ces branches se rencontrent dans des villes ou dans leur proximité (p. ex. industrie du ciment à Athi River, industrie des engrais à Tororo). En outre, le secteur de la réparation des véhicules automobiles a aussi des implantations dans des centres ruraux; cette branche reste cependant sans importance en raison de la taille des entreprises qui se situe le plus souvent au-dessous de 5 salariés. Toutes les autres industries de production, sans lien local avec la matière première — elles sont en partie d'un haut niveau technique, le plus souvent orientées vers la commercialisation et souvent dépendantes de l'importation et par là même d'une voie de communication appropriée — se limitent naturellement à des emplacements urbains, de préférence des grandes villes. L'industrie métallurgique en est un exemple, en particulier la construction mécanique (Nairobi, Kampala, Jinja, Kisumu), à peu près sous la forme de l'industrie automobile (assemblage) qui se concentre presque exclusivement à Nairobi, ou bien celle du caoutchouc (particulièrement la fabrication et le renouvellement de pneus) à Jinja et Nairobi. De pures industries de prestation de service restent limitées aux villes ne serait-ce que parce qu'elles sont orientées nettement vers la commercialisation comme p. ex. l'industrie de l'imprimerie et de la reproduction, dans les centres métropolitains ou à proximité de la capitale Nairobi, Kampala et Entebbe. Des industries, avec des facteurs très spéciaux de localisation, sont la métallurgie de base liée à l'électricité (Jinja), les chantiers navals (Kisumu) et les ateliers d'entretien et de réparation des chemins de fer (à Nairobi et en d'autres petits ateliers, le long de toute la ligne du chemin de fer «Ouganda»).

3   Alimentation en énergie

Quatre installations de production de courant ont, en particulier, une importance pour l'approvisionnement de l'Ouganda et des parties moyennes et occidentales du Kenya. Elles se basent toutes sur l'utilisation de l'énergie hydraulique.

L'emplacement dominant est la centrale électrique près des chutes d'eau d'Owen du Nil près de Jinja. Construite au début des années 50 avec une capacité initiale de 120 MW (passée entre-temps à 150 MW) elle est devenue de loin la plus grande installation de ce genre en Afrique orientale en général. Sa zone de distribution en Ouganda couvre en particulier les deux centres de grande consommation, c. à d. Jinja lui-même et Kampala, et s'étend (au-delà de la limite de la carte) jusqu'à Fort Portal, ou selon le cas, Kilembe dans l'arrière-pays. En outre, elle fournit annuellement app. 300 millions de kWh au Kenya (fourniture interrompue en 1976 lors du conflit entre les deux Etats). Du côté kenian se trouvent trois installations relativement petites dans la région de la rivière Tana: Wanjii et Tana avec 23 MW ensemble, ainsi que Kindaruma (Seven Forks) avec 40 MW. Complétées par des importations en provenance de l'Ouganda, elles approvisionnent en premier lieu Nairobi, ville à laquelle reviennent appr. $\frac{2}{3}$ des besoins totaux du Kenya en énergie, et les régions occidentales du pays. D'autres installations, au bord du Tana supérieur, sont projetées ou déjà en construction. La région côtière du Kenya est essentiellement alimentée par une centrale thermique à mazout d'une puissance de 40 MW, installée près de Mombasa. Un raccordement entre les deux systèmes a été fait entre-temps.

La base de l'approvisionnement supra-régional est formée par un système de haute tension de 132 et 66 kV qui s'étend en lignes entre les plus grandes installations de production et les centres de consommation et qui n'atteint un certain effet de surface qu'à un moindre niveau (à partir de 33 kV). En partie englobées dans ce système on trouve, aussi bien en Ouganda qu'au Kenya, de petites centrales électriques, dont la tâche primaire est l'alimentation locale et régionale et qui ont leur emplacement en général directement dans les villes moyennes ou petites puisqu'elles sont indépendantes de l'énergie hydraulique. Parfois, de petites centrales électriques privées qui ne sont pas représentées dans la carte, viennent s'ajouter à l'offre publique. Dans des régions rurales qui n'ont pas de branchement sur le réseau, l'approvisionnement en courant électrique se fait le plus souvent à l'aide de petits générateurs Diesel.

4   Tourisme

Le contenu de la carte se référant au tourisme reflète la capacité d'hébergement en lits d'hôtel. En raison du seuil de recensement fixé à au moins 100 lits par emplacement, ne ressortent, à côté des centres touristiques métropolitains de Nairobi et de Kampala, que très peu de villes avec une moindre importance comme Nakuru, Nanyuki, Jinja, Entebbe, Kisumu et Nyeri. Cela ne tient compte des réalités effectives que jusqu'à un certain point. D'une part, il existe une certaine capacité d'hébergement dans presque toutes les localités de quelqu'importance centrale, d'autre part, des centres importants du tourisme, dans un sens plus restreint du terme c. à d. du tourisme étranger, se trouvent dans des régions souvent plus éloignées, loin des villes, où l'on donne l'occasion aux étrangers (surtout des Américains du Nord, des Britanniques, et des Allemands) de faire des sight-seeing tours, des safaris photographiques etc., dans des parcs nationaux et des réserves d'animaux créés spécialement dans ce but. Dans ces centres qui possèdent en général une petite piste d'atterrisage, il existe le plus souvent des possibilités d'hébergement dans des «game lodges», et en partie également dans des terrains de camping, dont la capacité n'atteint cependant pas la valeur seuil mentionnée. Ainsi, on trouve dans la partie de la carte représentant le Kenya six parcs nationaux (Mount Kenya, Aberdare, Nairobi, Mount Elgon, Lake Nakuru et Ol Doinyo Sapuk) avec au total 1 770 km^2 et 5 autres réserves d'animaux (Masai Mara, Kitengela, Olambwe Valley, Samburu et Buffalo Springs) avec en tout appr. 2 400 km^2. Parmi les attractions touristiques renommées de la Tanzanie, seule une partie du parc national de Serengeti se trouve dans la zone représentée sur la carte, outre la petite réserve d'animaux du Lamai Wedge au Nord de la rivière Mara. Les parcs nationaux et réserves d'animaux de l'Ouganda sont situés au NE et O du pays et ne font pas partie de la zone représentée. Une vaste zone zoologique, au nord du Mount Elgon et de plus petites, près d'Entebbe, Jinja et au sud de Tororo sont sans importance notable pour le tourisme.

En ce qui concerne la partie de la carte consacrée au Kenya, il faut partir du fait, qu'en regard de la capacité d'hébergement de 3 600 lits représentée au moment du recensement, se trouve une capacité réelle de 4 400 à 4 500 lits approximativement. Il est probable qu'elle aura été portée jusqu'en 1974 à appr. 6 000 lits. Toujours est-il que le nombre de nuitées dans cette zone partielle s'élèvait en 1968 à environ 880 000. Cela représente à peine 60 % des nuitées touristiques de l'ensemble du pays. Les effets géographiques et économiques subséquents du tourisme par des mesures de développement de l'infrastructure, engendrant des rentrées d'argent et la création de places de travail, sont absolument considérables. Ainsi, on évalue, en moyenne keniane, une rentrée de devises, par visiteur et par jour, de 18 US-dollars et on compte, pour 365 nuitées touristiques, 3 places de travail dans l'industrie touristique ou dans des branches d'activité connexes. Ce dernier fait signifie que, dans la seule zone représentée, 7 000 places de travail découlent directement ou indirectement du tourisme, c. à d. plus que n'offre la plupart des branches industrielles.